中等职业学校会展服务与管理专业

会议服务

主编 刘真明

北京出版社
山东科学技术出版社

图书在版编目（CIP）数据

会议服务 / 刘真明主编 .-- 济南：山东科学技术出版社，2016.12（2024.1 重印）
ISBN 978-7-5331-8227-4

Ⅰ．①会… Ⅱ．①刘… Ⅲ．①会议—组织管理学—中等专业学校—教材 Ⅳ．① C931.47

中国版本图书馆 CIP 数据核字 (2016) 第 091818 号

会议服务
HUIYI FUWU

责任编辑：赵 旭 宋丽群
装帧设计：李玉颖

主管单位：山东出版传媒股份有限公司
出 版 者：山东科学技术出版社
地址：济南市市中区舜耕路 517 号
邮编：250003 电话：（0531）82098088
网址：www.lkj.com.cn
电子邮件：sdkj@sdcbcm.com
发 行 者：山东科学技术出版社
地址：济南市市中区舜耕路 517 号
邮编：250003 电话：（0531）82098067
印 刷 者：山东新华印务有限公司
地址：济南市高新区世纪大道 2366 号
邮编：250104 电话：（0538）6119360

规格：16 开（184 mm × 260 mm）
印张：12 字数：277 千 印数：1~2 000
版次：2016 年 12 月第 1 版 印次：2024 年 1 月第 2 次印刷
定价：25.80 元

编写说明

加强职业教育教材建设是提高人才培养质量的关键环节，是推进教育教学改革、提高教育教学质量、促进中职教育发展的基础性工程。如何培养满足企业需求的人才，是职业教育面临的一个突出而又紧迫的问题。目前中职教材普遍存在理论偏重、偏难、操作与实际脱节等弊端，突出的是以“知识为本位”而不是以“能力为本位”的理念，与就业市场对中职毕业生的要求相左。

为进一步贯彻落实全国教育工作会议精神、《国务院关于加快发展现代职业教育的决定》（国发〔2014〕19 号）、《现代职业教育体系建设规划（2014—2020 年）》（教发〔2014〕6 号），北京出版社联合山东科学技术出版社结合各中职学校会展服务与管理专业发展现状及会展行业企业对人才的需求，在市场调研和专家论证的基础上，打造了反映会展行业发展水平、符合职业教育规律和技能人才培养的专业教材。

本套专业教材以教育部最新公布的中等职业学校《会展服务与管理专业教学标准（试行）》为指导思想，以中职学生实际情况为根据，以中职学校办学特色为导向，与具体的专业紧密结合，按照“基于工作流程构建课程体系”的建设思路（单元任务教学）编写，根据会展服务与管理行业的总体发展趋势和企业对高素质技能型人才的要求，构建与会展服务与管理专业相配套的内容体系，涵盖了专业核心课和部分专业（技能）方向课程。本套教材在编写过程中着力体现了模块教学理念和特色，即以素质为核心、以能力为本位，重在知识和技能的实际灵活应用；彻底改变传统教材的以知识为中心、重在传授知识的教育观念。为了完成这一艰巨的任务，我们成立了教材编写委员会，委员会的成员由具有多年职业教育理论研究和实践经验的高校教师、中职教师和行业企业一线专业人士担任。从选题到选材，从内容到体例，都从职业化人才培养目标出发，制定了统一的规范和要求，为本套教材的编写奠定了坚实的基础。本套教材的特点具体如下。

一、教学目标

在教材编写过程中明确提出以“工学结合，理实一体”为编写宗旨，以培养知识与技能为目标，以就业为导向，以提高中职学生职业能力为本位作为基本原则，避免就理论谈理论、就技能教技能，要做到有的放矢，培养技能型的会展服务与管理行业人才。打破传统的知识体系，将理论知识和实际操作合二为一，理论与实践一体化，体现“学中做”和“做中学”。让学生在做中学习，在做中发现规律，获取知识。

二、教学内容

本专业教材将会展服务管理的理论与方法和会展服务的实务与操作相结合。理论与方法部分，按学习和理解的顺序进行编排，以全面提升会展服务的水准和质量为日标来构思及编写；实务与操作部分，按会展直接服务和会展辅助服务分类编排，采用“全面点到、重点展开、大项完整、其余概括”的编写方法，使学习者既能全面掌握、又能分清主次。编写时，一方面，采用最新颁布的行业规范、服务标准，合理选取内容，在突出主流标准、规范的同时兼顾普适性；另一方面，结合会展新知识、新规范、新材料的现实发展要求增删、更新教学内容，重视基础内容与专业知识的衔接。同时，吸收了国内外会展相关理论研究的新成果，突出了中等职业学校教材的应用性、实践性、操作性。

三、教学方法

教材教法是一个整体，在教材中设计以“单元—任务”的方式，通过案例载体来展开，以任务的形式进行项目落实等教学内容，每个任务以“完整”的形式体现，即学生完成一个任务后可以完全掌握相关技能，以提升学生的成就感和兴趣。体现以学生为主体的教学方法，做到形式新颖。通过“教、学、做”一体化，按教学模块的教学过程，由简单到复杂开展教学，实现课程的教学创新。

四、编排形式

教材将知识和案例相结合，引入的案例和设计的活动具有代表性和直观性，既便于教学又便于学习；同时，教材配套有包含相关案例、素材、思考练习答案的光盘以及先进的多媒体课件，强化感性认识，强调直观教学，做到生动活泼。

五、编写体例

每个单元都是以任务驱动、项目引领的模块为基本结构。教材一级栏目包括单元概述、单元目标、学习任务和单元要点归纳。学习任务下按照任务概述、任务目标、学习内容、拓展提高、思考练习层进编排，穿插有特别提示、小贴士、相关知识、案例分析、核心提示等辅助性栏目，提醒操作注意事项、提示工作技巧或介绍行业前沿动态等。其中，“学习内容”是教材中每一个任务教学的主体，充分体现“做中学”的重要性，紧密结合岗位实际，以具有代表性、普适性的案例为载体进行展开，突出了对学生职业素质和能力的培养。

六、专家引领，双师型作者队伍

本系列教材由北京出版社和山东科学技术出版社共同组织具有教学经验及教材编写经验的“双师型”教师编写，参加编写的学校有河北民族师范学院、济南职业学院、武汉市旅游学校、山东电子职业技术学院、广州市轻工学校、青岛酒店管理职业技术学院、广州商务旅游学校、潍坊职业学院、泸州职业技术学院等，并聘请山东省教育科学研究院职业教育研究所副所长邹本杰及山东国际会展管理有限公司董事长、济南舜耕国际会展中心总经理何元清担任教材主审。感谢山东国际会展管理有限公司、《中外会展》杂志社、青岛海展集团等给予技术和资料上的大力支持。

本系列教材，各书既可独立成册，又相互关联，具有很强的专业性。它既是会展服务与管理专业组织教学的强有力工具，也是引导会展服务与管理专业的学习者走向成功的良师益友。

前言

本教材以中等职业学校《会展服务与管理专业教学校准》为依据，贯彻了“基于工作过程、以行动为导向”的教学思想，在充分考虑中等职业学校教学要求和学生特点的基础上编写而成。

本教材力求突出以下特色：

1. 基于工作过程

本教材以“工学结合，理实一体”为编写宗旨，基于现代会议活动举办的一般工作过程，即“会前筹备—会议现场服务与管理—会后工作”为顺序，以学生为主体、以教师为主导，采用“一体化教学”模式，通过具体的学习任务、结合必要的实训环节，推进相关理论和方法的学习、培养学生的职业能力和素养。

2. 以 PCO 业务为课程情境

本教材作为会展策划与管理专业的核心课程教材，以 PCO 业务为课程学习的总体情境，强调会议服务整体外包所涉及的策划、组织、服务与管理的全程工作，区别于酒店管理专业以现场服务为重点、文秘类专业以自办会议为出发点的课程定位。培养在各种服务外包过程中，对于关键工作环节的把握以及沟通和协调各类会议服务商的能力。

3. 采用案例任务式架构

教材以“单元—任务”的方式，通过典型案例启发学习和具体任务实践学习，落实和推进单元项目学习。教材一级栏目包括单元概述、单元目标、学习任务和单元要点归纳。学习任务下按照任务概述、任务目标、学习内容、拓展提高、思考练习层进编排，穿插有行业资讯、案例分析、知识补丁、动手做、特别提示等辅助性栏目，提醒操作注意事项、提示工作技巧。内容紧密结合岗位实际，突出了职业素质和实践能力的培养。

本课程的学习需要结合真实、具体的实践项目，在理论教学的基础上，建议教师立足于地方会展经济和教学实际情况，组织学生适量参与会议及相关活动的实训和实习。如关于会议场地和设备的认识性实习、关于现代会议活动中常见服务内容的市场调研、亲临会议现场进行实地观摩等，目的在于通过“做中学”“学中做”的交互作用提高学习效果。

教材内容依据专业教学标准的教学内容和要求，结合现代会议活动的典型特点，增强了教材的实用性。本课程的教学活动可参考下面的课时分配表：

序号	单元	建议学时
1	现代会议认知	8
2	会前筹备工作	30
3	会议现场服务与管理	16
4	会后工作	14
5	复习、机动	4
合计		72

本教材在编写过程中，参阅了众多同类教材、著作和网站资料，在此表示真诚的谢意。

本教材是编者学习、调研和教学工作的阶段性成果，由于编者水平有限，时间紧迫，书中有不妥和错误之处在所难免，敬请有关专家和读者批评指正。

编　者

目 录

CONTENTS

第一单元　现代会议认知

单元概述

会议是人类社会活动的一种形式。随着社会、经济、技术、文化的发展，会议的形式越来越多样化，会议的效率效果也越来越受到会议主办方的重视。会议的影响也不仅仅止于会议的参与者，而是更广泛地延伸到相关区域和领域。本单元将学习会议的基础知识，包括会议的定义、分类、作用等，并在此基础上更深入地分析现代会议活动的构成要素和主要形式，为之后的会议策划、会务服务、会议现场管理等工作奠定必要的知识基础。

单元目标

- 能运用相关的会议术语和常识，阅读并理解与会议有关的新闻报道、会议文件等资料
- 会分析、阐述各种不同类型、不同形式的会议活动的共性及特点
- 会运用会议要素相关知识，分析不同类型会议案例，并进行简要评价
- 能通过会议要素界定一个会议项目；并通过对会议要素的策划体现出会议的特性
- 能阐述 PCO 在会议活动组织中的专业优势，针对特定的会议项目提出初步构想
- 会撰写小型会议活动的策划书

学习任务1 会议的含义

任务概述

以小组为单位，亲临现场考察一次会议活动，如在校园或是当地的企业、会议中心、会展中心、酒店、宾馆等场所举办的各种会议。观察会议现场的活动流程、内容和形式、现场人员情况、仪器设备、物品资料、会议文件、场地环境等特点，记录会议的过程，谈一谈自己的所见、所闻、所感、所想，进行小组讨论并形成简单的考察报告。各小组在课堂进行阐述、讨论、分享，最后总结出所考察的会议活动的共性，谈一谈现代会议活动的含义和作用。

任务目标

- 能运用相关的会议术语和常识，阅读并理解与会议有关的新闻报道、会议文件等资料
- 会分析、阐述各种不同类型、不同形式会议的共性和特点

学习内容

一、会议的定义

从字面上直观解释，“会议”一词包含两重含义，一是某些特定人员的“集会”，即在特定的时间出现在同一空间场所；二是在“集会”的基础上对于特定问题的“议论”“商讨”等活动。

会议是人类社会活动的一种形式，普遍存在于政治、经济、文化、体育、教育、宗教、军事等各个社会领域。在我们的生活和工作中，会议活动并不陌生，也或多或少地亲身参与过多种类型的会议。例如学生时代的各种班会、校会、典礼；职场中的各种例会、选举会、发布会、培训会；常常出现在各种媒体、财经新闻中的政治会议、国际会议、协会会议等。

在人类发展的历程中，会议活动一直是解决纷争、交流信息、统一思想、商讨对策等群体问题处理时采用的重要手段。随着社会、经济、科技、文化的发展，会议活动呈现多样化、专业化的发展趋势，无论是会议的数量、规模、形式、技术、效率、区域等都发生了显著的变化，而会议活动的内在本质并未改变，即特定人群在同一时间集中、对于特定主题和问题进行的信息交流活动。

根据中华人民共和国国家标准 GB/T 30520—2014《会议分类和术语》，会议是“在特定的时间和空间，通过发言、讨论、演示、商议、表决等多种形式以达到议事协调、交流信息、传播知识、推介联络等目的的一定人数的群体活动”。

行 业 资 讯

会议业首部国家标准《会议分类与术语》正式发布

2014 年 2 月 19 日，由全国会展业标准化技术委员会提出并归口，由上海市标准化研究院牵头、国家会议中心起草的《会议分类与术语》（GB/T 30520—2014）国家标准正式发布，并于 2014 年 8 月 1 日起实施。

《会议分类与术语》涵盖会议分类和通用术语两部分，共包含 9 个条目和 138 个词条，适用于会议产业的研究、行业政策的制定和指导会议实务活动。

《会议分类与术语》国家标准的发布实施，标志着会议产业乃至会展业正朝着标准化、专业化的进程发展，同时也肯定了国家会议中心在建立标准体系方面所取得的重要成绩。标准实施后，将在优化我国会议产业发展软环境，健全会议产业发展的管理体制，规范各类会议组织者和会议服务企业经营行为，促进会议产业跨越式发展，推动会议产业融入国际竞争大环境等方面发挥重要的作用。

（资料来源：中国经济网）

评析：

《会议分类与术语》是首部指导会议产业运行的国家标准，为会议业标准体系的建立开创了良好开端，为政策法律及理论研究的开展提供了科学依据，也为整个会议行业在概念体系协调的基础上实现无缝交流提供了权威标杆。

案例分析

“首届中国古村大会”将在乌镇举行

由北京大学旅游研究与规划中心、清华大学建筑学院、古村之友全国古村落志愿者网络等单位，联合乌镇旅游股份有限公司共同主办的“首届中国古村大会”，于 2015 年 11 月 19～21 日在浙江乌镇举行。

大会以“保护与活化”为主题，邀请住建、国土、农业、文化、旅游、建筑等方面的专家学者和实践者进行研讨和分享。大会分为主旨演讲和专题分享，另设 4 个分论坛，就“古村＋政策法规”“古村＋旅游与艺术”“古村＋互联网与创客”“古村＋乡土文化与社会组织”等议题展开探讨交流。

据悉，中国古村大会主体会议拟每年举行一次，其远景目标是将古村大会由探讨古村保护与活化重要事务的话语平台，逐渐发展成为深度介入事务解决进程的实体组织，实现传统乡村物质与非物质要素的保有与传承的最终目标。

（资料来源：《中国青年报》）

思考：

1. 本次会议举办的目标是什么？
2. 为了实现会议目标进行了哪些会议活动？

二、会议的分类

会议的类型多种多样，可以从不同角度、采用不同标准划分为不同的类型。

根据中华人民共和国国家标准 GB/T 30520—2014《会议分类和术语》，会议按照主办单位的不同，可以划分为企业会议、社团会议、政府会议、事业单位会议四类；按照规模的不同，可以划分为小型会议、中型会议、大型会议、特大型会议等四类；按照举办周期的不同，可以划分为定期会议及不定期会议。

不同划分依据下的会议分类指标见表 1－1。

表 1－1　会议分类

分类依据	会议类型	指标要求
按主办单位划分	企业会议	由企业主办，以行政、管理、技术、营销等为主要内容，以促进企业的发展为主要目的
	社团会议	由协会、公会、妇联、学联、学会、商会、基金会、研究团体等各种社会团体主办
	政府会议	由政府机构主办
	事业单位会议	由学校、医院、科研机构、文艺团体等事业单位主办，以文化、教育、卫生、体育、科学技术为主要内容
按规模划分	小型会议	参会代表人数少于 199 人
	中型会议	参会代表人数在 200～799 人之间
	大型会议	参会代表人数在 800～1 999 人之间
	特大型会议	参会代表人数在 2 000 人以上
按举办周期划分	定期会议	按照固定的时间间隔召开
	不定期会议	召开时间间隔不固定，或因突发性事件而临时召开

对于会议进行分类的主要目的，是为了归纳、总结出某一标准之下，不同类别会议在内容、流程、形式等方面的特点，进而有针对性地制定会议活动的策划及实施方案。

例如，根据参会代表的地区来源，可将会议分为国内会议与国际会议。

ICCA（The International Congress & Convention Association），即国际大会及会议协会，规定国际会议标准有 3 个，即至少有 50 个参加者、定期组织举行会议（不包括一次性会议）、必须在至少 3 个国家举行。

UIA（Union of International Associations），即国际社团组织联盟，规定的国际会议标准有 4 个，即至少有 300 个参加者、国外参加者至少占总量的 40%、参加会议的国家至少有 5 个、最短会期为 3 天。

行业资讯

南京市人民政府会展业办公室加入 ICCA

近日,南京市人民政府会展业办公室获准加入国际大会及会议协会(ICCA)。据悉,亚太分会现有201 家会员单位,分布于15 国、78 个城市,而中国内地有12 家会员城市:北京、上海、杭州、广州、深圳、扬州、苏州、重庆、厦门、成都、海口、南京。

加入ICCA,是南京加快建设具有国际影响力会展名城、推动南京会展业国际化更快发展的重要举措;加入ICCA,将增加南京在国际会展舞台上“露面”“发声”的机会,提升城市知名度和影响力;加入ICCA,有利于南京与国际知名会议城市、会议机构建立和加强联系,畅通沟通渠道,吸引更多的国际性大会和协会会议来宁举办;加入ICCA,南京将充分享有该组织提供的包括独家市场研究数据库和信息的使用权、面对面的商业机会、宣传推介暨行业培训机会等在内的优质资源。

(资料来源:中国江苏网)

学习建议:

ICCA(国际大会及会议协会)和 UIA(国际社团组织联盟)是会议业具有权威性的两个组织机构,可以获得最新的国际会议咨询和统计数据。

ICCA 官方网站 http://www.iccaworld.com/

UIA 官方网站 http://www.uia.org/

中华人民共和国国家标准 GB/T 30520—2014《会议分类和术语》对于国际会议给出的界定,是“由来自3 个或3 个以上的国家或地区(含港、澳、台)的代表参加的会议,或境外参会代表占全部参会人数40%(含)以上的会议”。

此外,还有更多实用的分类方式,以企业会议为例,从内容和目的上还可以进一步分为销售会议、经销商会议、技术会议、管理者会议、董事会会议、股东会议等。

案例分析

举办高端国际会议,彰显广州影响力

昨日召开的2015(第十届)城市发展与规划大会,是今年广州举办的高端国际会议之一,有1 500 多位外国驻穗机构代表及国内外城市规划、交通运输、生态城市与环境保护等方面的专家学者前来参加。据广州市外办统计,过去一年,广州市就举办了20 多场高端国际会议,数量在全国城市中位居前列。广州市委书记任学锋在第116 届广交会期间指出:“广州正加快推进传统商贸业转型升级,大力发展会展等生产性服务业和服务贸易。”

高端国际会议,助推广州会展经济的抓手。在会议的良性互动中,不仅展示了城市经济实力,更为城市带来新机遇——扩大与国际的交流与合作,促进地区经济与社会的发展。因此，高端国际会议更像是一场经济会议，对城市经济发展举足轻重。据国际大会及会议协会的统计，全球每年召开大约 16 万次会议，产值超过 2 800 亿美元。今年 3 月 25 ~26 日，由广州市委、广州市人民政府主办的“新常态、新机遇——2015 中国广州国际投资年会”，借鉴了达沃斯论坛、迪拜投资年会、博鳌亚洲论坛的办会经验，以全体大会、小型分论坛与高层会见相结合的模式召开，引起了世界 500 强企业、大型跨国公司、行业领军企业的浓厚兴趣，在短短两天的会期内，总投资额超过 1 100 亿元。

高端国际会议，开阔广州市民视野的窗口。引进外脑，激发“头脑风暴”，开阔广州视野。高端国际会议，与会者都是行业中的顶尖人物，他们的观点与智慧，必将令我们大开眼界。尤其是具有国际性、权威性、高知识性、高互动性的国际学术会议，由科学家、学者、学科带头人参加的学术会议，提出学术见解、交流学术观点、披露学术前沿，相互启迪、相互碰撞、激发灵感，面对面的、高水平的交流可以催生新的科学概念和学说。广州具有华南地区文教医疗中心优势，享有世界一流的呼吸病学科、亚洲一流的眼科学、国内一流的骨科学，集中了华南地区最多、最优质的高校资源，这些是承办各类顶尖学术性国际会议的软件。非但学术中人，高水平的国际学术会议，对公众也是一种高水平的启蒙，如“科交会”的对公众开放环节，就是一场极佳的科普。

（资料来源：《广州日报》）

思考：

1. 承办国际会议要求目的地城市具备哪些条件？

2. 你还了解哪些国际会议？

三、会议的形式

中华人民共和国国家标准 GB/T 30520—2014《会议分类和术语》将会议形式归纳总结为 13 种典型形式，即报告会、论坛、研讨会、讲座、早餐会、主题午餐会、卫星会议、圆桌会议、视频会议、网络会议、用户大会、代表大会、高峰会。

1. 报告会(lecture)

报告会是由指定报告人对某一专题进行专门报告的会议。

在一场报告会中，可以有多个报告人就同一话题发表自己的看法。每一个报告人按照顺序依次上台发言，发言时间会事先确定，原则上不允许超时。

2. 论坛(forum)

论坛是指围绕一个主题，有两个或两个以上的发言人向听众而非对方发表自己的观点并进行阐述的会议。

通常由听众提出问题，由主持人引导发言和讨论并总结各方意见。其特点是讨论反复深入，发言人和听众之间互动性强。

图 1－1　2015 青岛·中国财富论坛举行

3. 研讨会(seminar;symposium;workshop)

研讨会是指由行业内的专业人士参加、专门针对某一主题进行研究、讨论、交流的会议。

研讨会是多向交流形式,因此更适合中小规模的会议,是学术会议中最常采用的形式。

图 1-2　中国意大利语翻译研究会 2015 年学术研讨会

4. 讲座(lecture,symposium)

讲座一般采用专家演讲的方式,旨在传授某方面的知识、技巧,或改善某种能力、心智的一种会议组织形式。

通常要求讲座人在相关领域具备一定的知名度和专业权威性,能够带来最新的技术和信息,使参会代表能获得一些专业的启发和收获。

讲座与报告会形式类似,通常设有问答环节(Q&A)。

图 1-3　学术讲座

5. 早餐会(breakfast meeting)

早餐会是指参会客人边用早餐边进行交流、探讨问题的会议。

早餐会源于西方,可以有效地利用有限的会期时间,创造人际沟通机会。因此,其社交功能比信息功能更加突出,气氛通常比其他的会议更为轻松活泼。

案例分析

凤凰陆家嘴早餐会,嘉宾畅谈互联网金融转型与创新

6 月 26 日,凤凰财经主办的“互联网金融的转型与创新”早餐会在上海陆家嘴举行,点融网创始人郭宇航、夸客金融创始人兼 CEO 郭震洲、中美联泰大都会人寿保险有限公司董事兼首席执行官谭强、众安保险首席风险官吴逖参加了早餐会的讨论，并分享了自己对互联网金融的转型与创新的见解。

进入2015年，互联网金融进入盘整期，商业模式日新月异，部分P2P平台风险开始暴露，过往的商业模式面临转型；大数据征信方兴未艾，各个互联网金融公司希望以此打造纯粹的信息中介平台；传统产业与电商前仆后继进入这一领域，致力于打造商业闭环；传统金融机构奋起直追，依靠资源优势突破体制障碍，有异军突起之势。

图1-4 2015年陆家嘴早餐会

夸克金融创始人郭震州在谈及互联网金融行业的整体发展态势时表示，目前的金融体系正在朝着多层次、多元化和更加市场化的方向发展。“整个金融金字塔各有各的机会，都会更加数据化，风险定价更精准，更加专业化，战略目标更清晰，根据自己的资源，竞争优势，定位更精准，服务于客户群。”

（资料来源：凤凰网）

思考：

早餐会的会议形式适合在什么情况下采用？

6. 主题午餐会（luncheon meeting; luncheon）

主题午餐会是将会议与午餐结合在一起，一般含有主旨演讲和问答环节，或把颁奖、推介等功能与午餐结合在一起的用餐形式。

主题午餐会多采用简单的商务套餐，不提供酒精饮品。

图1-5 马云参加“20人午餐会”并做主讲

图1-6 迪安卫星会

7. 卫星会议（satellite meeting; satellite conference）

卫星会议是在正式的学术会议开始前、会议的午餐时间或正式的学术议程结束后由企业赞助的或社团举办的小型学术会议。卫星会议是大型学术会议的一个组成部分，但一般不属于大会学术议程，通常有讲座、研讨会、非商业研讨会等形式。

8. 圆桌会议(round table meeting;round table conference;roundtable)

圆桌会议是参会代表围圆桌而坐,旨在体现平等原则和协商精神的会议。

图1-7 圆桌会议

图1-8 视频会议

9. 视频会议(video conference)

给予网络通信技术,利用远程视频设备把不同地点的人员无须物理移动而集合起来召开的会议。

10. 网络会议(web conference)

网络会议是指将电脑、手机等电子设备通过网络互相连接,参会者收听、收看会议语音、图像或进行互动讨论的会议。

视频会议、网络会议都是随着通信技术的发展而出现的全新的会议形式,能够克服参会代表在空间和地域分散难于集中的局限。

案例分析

东航召开紧急视频会议部署空防安全工作

(2015年)7月27日,东航召开空防安全工作紧急视频会议,传达了7月26日民航局紧急电视电话会议和7月23日全国民航空防安全工作会议精神,对加强空防安全作出部署。

会议强调,东航各单位、各部门要全面检查评估自身当前空防安全情况,提高空防敏感度。会议还对东航的安全工作作出部署,要求全面提高空警执勤能力,强化实战演练,提高业务水平和应急处置能力,严格勤务派遣标准,确保各类专业人员资质和能力相符,严格器械、箱包和证件管理,认真做好航前准备,严格执行清舱程序和食品车交接程序,认真做好货检工作,增强内部自我防范意识,落实空防责任,高度重视网络信息安全。

(资料来源:中国民航网)

思考:

1. 视频会议、网络会议等新型会议形式有何优点和弊端?

2. 新型的远程会议形式是否能全面替代传统会议形式?

11. 用户大会(user conference;users'meeting)

用户大会是为分享、交流使用经验、商议探讨解决问题的方法,由某种产品或某类产品的用户群体自愿参加的会议。

用户大会通常是企业组织其重要客户而举办的，旨在获得关于产品和服务的使用情况的信息反馈，也是企业客户关系管理的一种活动形式。

图 1－9 2015 年度全国业主代表大会

图 1－10 代表大会

12. 代表大会(congress)

代表大会也叫代表会议，是由一个组织定期召开，由正式代表参加并围绕特定的主题展开讨论，包含有全体大会和多个同时举行的分组会议的会议。

人大会议、政协会议、党代会、团代会、学代会都属于代表大会，代表大会会期一般超过一天。

13. 高峰会(summit)

高峰会是由政府机构、事业单位、社团或企业的高层领导参与的高级别会议。

图 1－11 APEC 领导人非正式会议

知识补丁

APEC

亚太经济合作组织(Asia－Pacific Economic Cooperation，简称 APEC)是亚太地区最具影响的经济合作组织。截至 2014 年 9 月，共有 21 个正式成员和 3 个观察员。APEC 每年都会举办各种层面的会议，包括领袖会议、部长级会议、高官会议、工商领导人会议、中小企业部长会议、妇女领导人会议等。

2014 年 APEC 会议是继 2001 年上海举办后时隔 13 年再一次在中国举办，于 11 月中旬在北京召开。此次峰会的主题是“共建面向未来的亚太伙伴关系”。

现代会议形式多样、各有特点,都是为了服务于特定的会议议题、适应不同的会议规模、满足信息交流要求、实现特定的会议目标等。针对会议本身的需要,选择会议形式并进行合理的组合,就是会议策划与组织的内容之一。

拓展提高

SITE 中国主席唐亮:会议业未来十大趋势

中国的会议、会展行业正面临着互联网时代的深度解构。曾经风光无限的各类大型展会活动如今早已呈现日薄西山的景象;而巨大的市场刚性需求又令其仍然具有庞大的发展前景和生命力。面对当前的环境对于会议行业发展所带来的影响,多少会让人有所感慨。会议业接下来应该怎样走,会有怎样的趋势与转变?让不少会议人都产生了困惑。

基于此,SITE 中国主席、会唐网 CEO 唐亮日前在国家会议中心举办的 CIBTM 大展上作为演讲嘉宾独家发布了关于会议产业未来发展趋势的十大新观点。会议活动是真正能够起到推动各行业前进的作用力,而这十大趋势,也将决定今后中国会议行业未来可以走多远。

未来趋势一:会奖旅游成为重要商业工具

自 2014 年 4 月至 2015 年 6 月间,不断有中国商旅大团出游的新闻报道。从如新集团 30 周年庆的万人迪拜游,到天狮集团 6 500 人赴法,再到无限极(中国)一个批次 1.27 万人游泰国,会奖旅游已成为促进企业服务客户与员工的关键手段与工具。

会奖大团正逐步成为企业对外宣传提升品牌影响力的重要活动。企业会奖大团活动对企业未来的发展将起到强有力的助推作用,这集中表现在激励员工、提升境外品牌影响力、创意性商业运作、客户关系维系等方面。

未来趋势二:中国商务会奖旅游入境市场需要 5 年才能恢复

放眼全球会奖业市场的发展不难发现,无论是发展中国家还是发达国家,都以吸引高端商旅会议活动到其目的地国作为一种拉动经济发展的重要手段。但目前中国商务会奖旅游入境市场正在遭受强烈的阵痛期,这主要体现在业态、环境与汇率上。首先,国内的发展环境不理想,各个会奖目的地的基础配套设施还不完善。这主要受政策影响,各地方政府对入境市场并没有引起足够的重视,眼光依旧停留在传统的散客市场挖掘。其次,入境商务会奖在中国起步较晚,在国内的经济转型期间,从一些实际案例中意识到入境商务会奖的优势,但基于国内高端商旅入境游市场开发的严重滞后,在市场运营、品牌设立与完善基础性设施方面仍需要一段时间。从认识到掌握再到操作,这个周期大约为 5 年。

未来趋势三:小镇将成为会议目的地新宠

随着资源全球化,一系列的全球性高端会议成为拉动地区经济的重要活动。这其中需要引起会议业注意的是,这些国际高端会议的承办地每年也会成为世界的焦点。例如瑞士达沃斯、中国的乌镇与博鳌。这说明,具有显著区域化与承载体量大、服务多元化的小镇将会成为会议目的地的新宠。

以前的会议活动是以单体型会议居多,酒店就成为承载会议活动的主要场所。但受到自身条件的限制，其服务性质单一的短板就显现出来。吃、住、行、游、购、娱，在未来将成为会议生活重要组成元素，并随着硬件的发展以及会议形式的多样化，会议的组成形式趋于化零为整，或者出现一个大会之中套有很多小会的形式。

当然这些小镇也要符合相应条件。首先，区域规模不能过大，需步行可达各分论坛区域。第二，要临近周边风景区，住宿、餐饮、分论坛也要分散在小镇内各个不同的区域，通过一场会议带动区域商贸集群。这样在开会的同时也能够游览整个风景区，真正做到以“会”带“游”。形成会展集群将成为单体场地未来发展的趋势。

未来趋势四：资源的垄断优势将不复存在

在“国八条”出台以前，业内多数企业都以资源垄断、信息不对称作为优势条件独立发展。现在，随着互联网技术应用的快速发展，信息的透明化使这种资源垄断的优势不复存在。例如酒店传统的地产式资源垄断，都是把酒店建在城市主要街道最醒目的地理位置上，坐等客户上门。而在互联网时代的背景下，像北京历史积淀深厚的正乙祠，建在很深的胡同内，但却通过会唐网承接过香奈儿、IBM 等重要的国际会议活动。主办方能找到它，源自于互联网的作用。这说明，通过互联网信息的扁平化处理，能够让很多有特色的场地得到利益最大化，从而打破行业的资源垄断优势。这其中也包括 MICE 行业里那些靠垄断旅游目的地资源以及大小交通的企业。因此，以往那些依靠信息不对称去获取利润的时代将一去不复返。

未来趋势五：开会中换名片将成为历史

在未来的会议活动上，名片将会消失。2012 年，会唐网 CEO 唐亮在去美国参加一个国际性会议时发现，现场很少有人交换名片。去年年初唐亮再次去美国，他发现各种类型的会议上再没有看到名片的踪迹了。美国会议主办方告诉他，当下美国的商业会议在开会前，参会人的信息均在会议 APP 上可以得到。因此，现场便没有人再通过传统的交换名片的方式来获取对方的信息。

目前，这种技术手段在国内会议的运用上也已趋于成熟。例如，会唐网基于移动客户端设计的“会信”工具将会很快上线。

未来趋势六：移动通知及基于地理位置的服务

唐亮表示：在美国一场会议的间歇结束前 5 分钟，你的手机上便会收到一个通知，内容显示的是调研与回复，并可以实时参与本场会议内容的反馈。另外，移动终端还将提供参会时所获得的积分显示，参会人员可以根据积分领取相应的礼品、餐券或其他奖励。这便是会议业发展趋势中一款全新理念的产品：移动通知及基于地理位置的服务。

通过移动技术，可以让你享受到更便捷的会议服务与乐趣。这便是移动技术在会议中的应用，它能起到很好的引导作用，并与会场地图服务相结合，通过地图导航，有效地把参会者带到下一个需要到达的区域。这种趋势有些已经在美国的高端商务会议服务中有所体现。

未来趋势七：3D 技术在会议中的应用

这项技术主要体现在“会场云”地图的导航服务中，3D 呈现出最为直观的视觉效果图，让参会者尽快熟悉会场环境，以及自动生成摆台 DEMO 和其他参会者的座位信息、各项会务的标志牌以及会场所在位置。

未来趋势八:会议机器人出现

2013 年在美国的一些商务会议与论坛上,还出现过机器人发放饮料、水、服务指南信息,有些甚至成为引导员。这可以说是具有很强的时代意义。机器取代人工服务,将会在未来集中出现在以科技为主导的商务会议活动中。

未来趋势九:互联系统令会议管理进入精细化时代

互联系统针对会议管理已经进入到精细化时代。对于会议系统,目前在国内只有会唐一家在产品研发与制作上做到非常完善,可以说一枝独秀。反观美国,会议行业的系统化管理已经有 30 年的历史,非常成熟。并且,目前美国已经进入到会议系统精细化管理的时代。

例如,当你入住一家酒店,从冰箱里拿取一瓶饮料,在退房时你要到前台登记,并由服务员到客房查询。而现在,处于精细化管理环境,你拿走哪种饮料饮用,系统会立刻产生计费,并把这款饮料的价格加进房费中,最后统一结算,省去一道人工程序。虽然现在这种系统主要服务于酒店,但从酒店调取参会者的消费记录到主办方的移动端,从中也直接地帮助了会议主办方在成本运营与结算上的管理。

现如今,人们已经习惯在淘宝上进行产品的买卖。反观会议市场,在过去,做会议活动采购是一个非常烦琐复杂的过程,你要亲自跑到现场了解情况。现在,当更多场地信息出现在互联网上,甚至是移动端,你便一目了然地进行直采并直接付费,这种 B2C 支付在未来将会更完善,而更为垂直化的 B2B 营销也已经出现,比如会唐网最近推出的“会邦”就很快成为最受 MICE 企业欢迎的主流会议服务系统。

未来趋势十:创意和本地服务将成就差异化竞争优势

未来在办会的整个过程中,你的创意和实质内容将会成为最大的竞争优势。另外一个无法取代的就是本地服务的特殊性。会议服务细致化、标准化体系的建立,在线上的透明与线下的畅通均是差异化竞争的条件。因此,会议主办方要把自身的战略重心转向积极融合新科技、新技术产品到会务活动中,这将是会议产业可持续发展的主要方向。

中西方在会议的理解上有着很大的区别。西方参会者认为,会议应该是大家聚在一起发布或掌握未来行业发展的趋势与新科技的交流性活动,因此,他们很重视会议当中的内容是否会对思维产生帮助与启发。而会议在中国,参会者更加注重是否可以通过参与各种类型的会议来掌握多方资源。在未来,当大量的科技创新产品出现在会场的时候,当这些产品引领会议业迈上新台阶的时候,当会议不再只是一个专属名词而成为一个技术实践品的时候,你如果不转变,也许你连办会的入口都找不到。

(资料来源:赛迪网)

思考练习

一、填空题

1. 会议按照主办单位的不同,可以划分为________、________、________、________四类。

2. 会议按照规模的不同，可以划分为________、________、________、________等四类。
3. 会议按照举办周期的不同，可以划分为________及________。
4. 根据参会代表的地区来源，可将会议划分为________与________。
5. ICCA 规定国际会议标准有 3 个，即____________________、____________________以及____________________。

二、选择题

1. 参会代表人数大于 2 000 人的会议是(　　)。
   A. 小型会议　B. 中型会议　C. 大型会议　D. 特大型会议
2. 无须参会代表进行物理移动便可以召开的会议形式是(　　)。
   A. 视频会议　B. 圆桌会议　C. 研讨会　D. 网络会议
3. 时长短、气氛轻松且话题为非正式议题的会议形式是(　　)。
   A. 论坛　B. 早餐会　C. 代表大会　D. 报告会
4. 深入的学术讨论最适宜采用(　　)会议形式。
   A. 报告会　B. 论坛　C. 研讨会　D. 主题午餐会
5. 适合举办大型会议的会议形式是(　　)。
   A. 讲座　B. 高峰会　C. 研讨会　D. 圆桌会议

三、简答题

1. 现代会议有哪些形式？
2. 哪几种会议形式适合参会代表之间的深入、多向的信息交流？

学习任务2　现代会议的要素

任务概述

以小组为单位，通过网络、报纸、专业杂志等媒体，搜索 3 ~5 个不同类型会议的详细资料，查阅资料中出现的会议术语并读懂。小组成员对各个会议资料进行对比、分析和讨论，说一说不同的会议在结构、形式等方面有哪些共同之处？哪些内容在所有的会议中都是不可或缺的？进而总结出现代会议的要素。各小组派代表在课堂上阐述本组的观点并进一步讨论、得出结论。

任务目标

- 会运用会议要素相关知识，分析不同类型会议案例，并进行简要评价
- 能通过会议要素界定一个会议项目；并过对会议要素的策划体现出会议的特性

学习内容

所谓要素，是指构成一个客观事物的存在并维持其运动的必要的最小单位，是构成事物必不可少的因素，又是组成系统的基本单元，是系统产生、变化、发展的动因。

会议也是由特定的要素构成的，这些要素形成了会议活动的基本构架，体现现代会议活动的共性。了解现代会议活动的构成要素，对于策划、组织会议活动具有参考意义。

会议是一种项目化活动，包含5个方面的要素系统，即5W。任何会议活动，都需要从原因（Why）、人员（Who）、会议活动（What）、地点（Where）、时间（When）共5个方面予以确认。

案例分析

"移"生万物

——第七届全球移动互联网大会在国家会议中心举行

2015，"移"生万物！4月28～30日，第七届GMIC全球移动互联网大会（Global Mobile Internet Conference，简称GMIC）在国家会议中心举行。本届大会以"Mobile Everything'移'生万物"为主题，吸引来自全球的移动互联网的精英、创业者、投资商，与来自教育、医疗、机器人、金融、O2O等行业的知名专家会聚一堂，在"移动互联网+"的概念下，共议传统行业与新兴行业的跨界融合与创新，分享业界最新热点，聆听行业领袖观点，与最前沿的创新者碰撞思想，连接世界创业者。

GMIC 2015吸引了来自全球超过60个国家的30 000余名"吉米客（GMICer）"，较往届增长48%，再度刷新注册参会人数纪录。本届大会继续推进"会+展"体验模式，展览面积达到22 000平方米，使用了国家会议中心E1～E4地面展馆，展览规模达到上届的3倍。

会议方面，2015 GMIC主题会场设定为1+13模式，即1个主会场+13个主题分会场的形式。包括G-Startup创新大赛、MMS移动营销峰会、GGS游戏峰会、移动教育峰会、移动金融峰会、开发者星球专场、智能汽车、移动医疗论坛和院长创新论坛、全球O2O峰会、移动人才峰会、未来家庭娱乐峰会以及电商之"互联网"峰会等也分别设置了别具特色的专场活动。腾讯、百度、新浪、阿里巴巴、华为、INMOBI等世界级品牌及300多家移动互联网企业悉数参会，以及百余场高端会议，围绕"移"生万物的主题展示分享工作生活中的创新模式和思想，探索新常态下大众创业、万众创新的发展机会。

（资料来源：国家会议中心）

思考：

1. 大会采用了哪些会议形式？
2. 描述一下大会的各个要素。

一、Why——办会原因

1. 共性原因

任何会议的举办都需要付出一定的成本,既包括人力、物力、财力等可见成本,也包括时间等不可见成本。现代会议是带有经营性质的活动,深究任何一个会议的举办原因,都可以归结为对经济效益和社会效益的直接追求或间接实现。

(1)会议的经济效益:会议在营利性组织的经营管理中有重要作用,是一项必要的管理投入。组织举办会议的原因,都是为了配合经济效益的实现。成功的会议,最终会通过组织管理水平的规范、人员业务能力的提高、企业凝聚力的增强、产量销量的提升、组织知名度的扩大、合作伙伴的拓展等形式体现出来,进而转化为经济效益。

(2)会议的社会效益:以非营利目的举办的活动,如政治会议、国际社团会议、学术会议等,其目的都是以特定社会效益的实现为宗旨,借助举办会议可以增强信息的传播、文化的交流,提升国家、城市、社团组织的形象和影响等。

案例分析

2015 首尔旅游会展推介会发布《企业会议及奖励旅游特惠专案》

2015 首尔旅游会展推介会 8 月 4 日晚在北京王府井金茂万丽酒店举行,首尔面向中国会奖机构和品牌企业活动负责人发布了政府大力支持在首尔举办的企业会议及奖励旅游政策。

本次由首尔特别市主办,首尔观光公社协办的推介活动发布了《企业会议及奖励旅游特惠专案》和《奖励旅游专业特惠专案》。首尔特别市市长朴元淳、首尔观光公社总经理金秉泰及 13 家首尔会展联盟会员一同到场,向中国会奖买家进行了会奖产品推介。并安排了中国买家和首尔会展联盟会员一对一洽谈环节、首尔市长推介、韩国服饰文化互动体验韩国特色文化演出、韩国特色晚宴活动,让中国买家充分感受到了首尔的魅力和诚意。

首尔本次发布的《企业会议及奖励旅游特惠专案》对象是指"举办地点在首尔,参与者 50 名以上,连续住宿两晚以上的企业会议及奖励旅游的企业、团体、协会、机关或法人",可获得"参加人数 × 非资金型补助价"(价值 2 万 ~3 万韩元)(总价值最多1 亿韩元)。非资金型补助包含专人机场迎宾服务、车辆、晚餐、表演、现场考察、首尔旅游项目等。

(资料来源:中国会议产业网)

思考:

1. 现代会议活动通常包含哪些内容,涉及哪些行业?
2. 现代会议活动的举办可以为举办地带来哪些方面的收益?

2. 具体原因

每一个会议在举办和实施的过程中,都会结合时代发展变化和组织的实际需要,制定具体而明确的原因,例如销售会议是以销售产品为目的,培训会议是以提高人员的知识或技能为目的,技术研讨会是以技术信息交流为目的。

因此,会议活动通常都是以某一个事先预期的结果或者目标为导向而设置的过程性活动。通常,会议举办的具体原因直接体现在会议的名称、主题和议题上。会议的主题是会议要实现目标的概括性描述,而议题则是围绕着主题、为主题目标实现而设置的具体任务。

二、Who——会议相关人员

会议是一项有组织、有计划的群体性社会活动,是由特定的人员参与的活动,并且参与会议的人员在会议活动进行的过程中承担着不同的角色。任何一个会议都需要在会前明确人员的构成。

会议的相关人员主要有参会代表、主题发言人、主持人、特邀代表、随行人员等。会议相关人员的构成会对于会议策划、组织和实施的各项工作产生重要影响。

1. 参会代表(delegate)

参会代表是“按照主办单位的要求,完成全部注册程序并取得正式参会资格的人员”。参会代表是会议人员结构中的主要部分,通常是通过缴纳会务费的形式取得参会资格。

在国际会议中又可以分为境内参会代表(domestic delegate)和境外参会代表(overseas delegate)。

2. 主题发言人(keynote speaker)

主题发言人是“就会议的某一主题进行领衔式发言报告的重要演讲人”。主题发言人通常是于会议所在领域和行业中,具有一定代表性或权威性的人。通过演讲向参会代表发布重要的信息、引起参会代表的启发式思考。

通常,主题发言人是参会代表参会的主要原因之一。

3. 主持人(moderator;chair;chairperson)

主持人是受会议主办单位或承办单位委托,引导会议程序和发言顺序的人,有时会在演讲人就某一议题演讲结束后进行评论,故也称其为“评论人”。

主持人是会议过程中的主持者和引导者,也往往是会议的组织者和召集者,对会议的正常开展和取得预期效果起着领导和保证作用。主持人需要具备能够掌控会议节奏的专业知识和应变能力。这种综合能力要求在专业会议中更加突出。

此外,在国际会议中,也要求主持人有较高的外语水平和能力。

4. 特邀代表(invited delegate)

特邀代表是“主办单位或组委会特别邀请的参会人员”,一般不具有与正式代表相同的权利和待遇,如选举权、表决权等,可能受到某种程度的限制。

特邀代表和主题发言人,一般不会参与会议的全部过程。

5. 随行人员(accompanying person;accompanying guest)

随行人员也叫陪同人员,是陪同参会代表一起参会但通常不享有与参会代表完全同等权利和待遇的人员,一般包括参会代表的助手、翻译、配偶和子女。

在高端国际会议中,通常会为随行人员专门制定行程。随行人员也需办理相应注册手册,并按随行人员标准缴纳注册费,费用一般包含制证费和资源占用费用,但随行人员通常是不能进入会场的。

针对随行人员的服务，可以从不同的角度提升会议本身的价值，如促进文化交流、形象宣传、目的地资源的推介等。

会议相关人员的数量、构成等信息，是会议活动筹备期最重要的参考数据，是会议规模的主要参数，直接影响会议场地大小的选择、住宿和餐饮预订、会议设备和会议资料的准备、会议交通等相关配套服务和物资的计划配置。

三、What——会议活动

会议活动是会议的具体内容，是参会代表在会期中，按照事先的计划逐一参与的具体活动。现代会议活动的形式多样，除了体现会议主旨的专业会议活动外，还可能涉及一些为了保证会议顺利进行而设置的流程性会议活动；为了促进参会代表之间的情感交流、提高信息沟通效果而设置的社交性活动；以及为了宣传会议活动本身，提高相关机构、组织、企业、城市的知名度而设置的仪式性活动。

1. 专业性会议活动

(1) 主题演讲(keynote speech; keynote address; keynote presentation)：也叫主旨演讲，是指围绕会议的某一主题对全体参会代表阐述其观点的重要演讲。

图 1-12　主题演讲

(2) 分组讨论(panel discussion; panel session)：也叫小组讨论，即邀请具有专业知识或不同观点的嘉宾就某一问题在主席台公开进行讨论且台下听众也可一同参与的会议形式，是大型会议的一部分。常设有主持人。

(3) 技术考察(field trip; technical visit; technical tour)：即学术参观考察，是会议主办单位或承办单位在会议举办地或周边地区为参会者安排的，与会议主题密切相关的学术参观和考察活动。

专业性会议活动是会议内容中最主要、最重要的组成部分，一般会安排在参会代表精力旺盛、适合思考的时间段，占用会期的大部分时间。而其他活动都为专业会议活动服务，起到辅助作用。

2. 社交性会议活动

(1) 茶歇(coffee break; tea break)：会议期间为参会人员提供咖啡、茶水、点心和水果，以会间休息、交流联谊为目的的活动。

图 1-13　参会代表在茶歇过程中轻松交流

(2) 招待酒会(reception)：主办单位、承办单位或赞助商为参会人员安排的仅提供酒水、饮料、水果和点心，以增强感情和促进联谊为目的的聚会。招待酒会通常形式简单，不排席次。

(3) 欢迎酒会(welcome reception; welcoming reception)：主办单位、承办单位或赞助商为欢迎参会人员在正式会议开始前一天或会议第一天安排的酒会。

（4）欢迎晚宴（welcome dinner；welcoming banquet）：主办单位、承办单位或赞助商为欢迎参会人员而安排的宴会，通常在正式会议的第一天晚上举行。

（5）主题晚宴（gala dinner；gala evening）：围绕某个主题，有文艺表演及特别场地布置，参会者着正装或配合主题着装出席的正式宴会。

（6）欢送晚宴（farewell dinner；farewell banquet）：会议结束当天或前一天晚上，主办单位、承办单位为欢送及答谢参会人员、合作伙伴而安排的宴会。

图 1－14　2013《财富》全球论坛开幕晚宴

现代会议中，社交性会议活动也有其特有的功能，例如茶歇，几乎在所有的会议中都会采用，在会间为参会代表提供短暂的休息和交流。其他社交活动的选择，则应视会议的目标、预算、内容等具体情况而定。

案例分析

资料一：文博会再现水立方“上善若水 APEC 之旅”

12 月 13 日下午，在第九届文博会主展场 1 号馆，北京市国有资产经营有限公司的展区吸引了众多与会者的注意力——该展区现场再现了 2014 年 APEC 欢迎晚宴的合影背板和合影平台，参会者可以在这里身临其境感受 APEC 新景观，并现场合影留念。

此前的 11 月 22 日，与游客阔别 4 个多月的水立方重新面向社会公众开放，并启动了“上善若水 APEC 之旅”深度游。来水立方的游客，不仅可以饱览 APEC 欢迎晚宴原貌，能一览晚宴上精美的用品，还能品尝到国宴厨师制作的原汁原味 APEC 晚宴甜点。

开放首日，得到水立方启动“APEC 之旅”的消息，众多市民游客已经在第一时间慕名而来，当天游客突破 1.4 万人次。游客们沿着晚宴的贵宾流线游走水立方，到领导人们用餐的晚宴大厅，体验国宴国风国韵的景观，参观极富文化底蕴的“曲水流觞”，欣赏国宴餐具、用品的精美巧妙，鉴赏玩味晚宴现场陈列的各种艺术品之美。

“上善若水 APEC 之旅”开启以来，深受广大游客的热捧。每天，水立方里的两处地方都有游客排起长龙：一处是 APEC 各经济体领导人合影的膜背板前，游客争相排队合影留念；另一处是在京饭店厨师们的晚宴点心作坊前，游客们都希望能亲口尝尝国宴点心，或者将点心当作礼品带回去给家人朋友尝鲜。据了解，“上善若水 APEC 之旅”开放以来，水立方日均游客量 8 000 人次，日均销售晚宴点心近千份。

文博会期间，为了能让观众更加细致深入地了解“上善若水 APEC 之旅”，水立方将在现场通过精彩图片和视频展示 APEC 欢迎晚宴的局部和细节，让大家直观感受 APEC 晚宴的盛况。同时，接受过专业培训的水立方专职讲解员将到文博会现场，为观众现场讲解 APEC 欢迎晚宴的小细节和小故事。对 APEC 欢迎晚宴感兴趣的观众，也可以现场提问，请水立方讲解员答疑解惑。

此外，水立方还将在文博会现场举行现场赠礼活动。观众通过扫描易拉宝微信二维码，关注水立方官方微信 my water cube，提交调查问卷，获赠水立方参观门票一张。水立方官方微信是水立方在开启“上善若水 APEC 之旅”时同步上线的，目的在于方便游客安排时间，深度游览。尤其是针对客流容量有限的合影大厅留念，游客可以通过水立方官方微信远程预约，提前获得合影排队预约码，水立方现场会优先放行有预约码的游客进入合影区。当然，对于不熟悉微信的游客，水立方现场还有排队放行安排。

据悉，水立方的“上善若水 APEC 之旅”将开放到春节前。期间，水立方外观灯和鸟巢网幕每晚同步点亮，相映相耀，供游客拍照留念，细赏慢品；水立方专门培训的“APEC 之旅”讲解团队，为游客讲解 APEC 晚宴不为人知的细节和故事。

除第一时间开放旅游外，水立方同步开放了大型活动和公益活动场地。12 月 23 日~2015 年1 月 3 日，水立方将与北京电视台新闻中心和卡酷频道共同推出“牵手蓝天第二届水立方亲子环保公益嘉年华”活动。嬉水乐园、游泳俱乐部等业务也将根据公司运营安排于近期开放。

举世瞩目的北京 APEC 会议，聚焦了全世界的目光，展示了中国的大国风范。尤其是水立方欢迎晚宴，将水立方所代表的“上善若水，水利万物而不争”的文化内涵提升到了一个全新的高度，让世人久久难以忘怀。未来 ，水立方将有效利用 APEC 文化遗产，进行晚宴餐具等相关纪念品的开发同时，水立方也期待 2022 年冬奥会申办成功，将冬奥会冰壶比赛的赛场落户水立方。水立方在“后 APEC”时代，将更为开放，业态更为丰富，更有能力承办各类大型活动和高端赛事。

（资料来源：文博会官网）

资料二：北京 APEC 欢迎晚宴餐具由江苏高淳公司独家承制

22 日在北京国家游泳中心（水立方）举办的“中国高端陶瓷与传统文化研讨会”上，中国轻工业联合会副会长杜同和介绍，11 月 10 日，在水立方举行的 2014APEC 第二十二次领导人非正式会议欢迎晚宴所使用的餐具是由江苏高淳陶瓷股份有限公司独家承制的珐琅彩瓷餐具。

据高淳公司董事长孔德双介绍，此次国宴用瓷是高淳公司利用现代科技对珐琅彩配方和工艺进行创新改良，在“维特佩尼”高档骨质瓷上以精湛的工艺制作而成。本套产品器物之间尺寸严谨，整套产品的设计端庄与动感并存。

孔德双表示，目前公司生产的“国韵黄”和“珍珠白”这两套餐具均未在市场上销售。在取得有关部门授权后，公司将发行限量珍藏版。

高淳公司是目前国内最大的日用陶瓷生产企业之一，已累计向 100 多个国家和地区出口陶瓷 10 亿件，铅镉溶出量符合国际最高标准——美国加州标准，是健康陶瓷的践行者。

（资料来源：新华社）

资料三:APEC 晚宴特色菜品:全聚德烤鸭化作盛世牡丹

首旅集团旗下的全聚德集团,承担了为"APEC 会议"水立方国宴供应烤鸭并现场展示片鸭技艺的服务任务。昨天,由片片枣红色、香气宜人的北京烤鸭组合成的牡丹,雍容华贵,栩栩如生,全聚德通过美食文化向世界传递着华夏饮食精华,这款烤鸭菜品也被定名为"盛世牡丹"。

据了解,组委会将全聚德片鸭表演确定为此次晚宴的亮点之一。在片鸭技艺展示环节,全聚德集团精心选拔的 8 位片鸭师,从烤鸭上场到片鸭、摆盘、展示,整个过程在 4 分钟内全部圆满完成。

"全聚德"为贵宾们提供的鸭肉和烤鸭卷,盛放在如意盘中,片鸭师将 8 片鸭肉摆成扇面,旁边码放一枚鸭卷,摆盘的点睛之笔在于鸭肉和鸭卷的上方摆的"乳鸭戏水"糖艺盘饰,两只洁白的小鸭子浮在蓝色的湖面上,甚是灵动与精致。糖艺作者是来自全聚德王府井店的北京烹饪大师张景宇,她曾多次在全国比赛中获得大奖。

另据了解,晚宴中有 3 个国家的元首及夫人不吃烤鸭,全聚德王府井店总厨师长亲自敲定素菜"五福蔬菜卷",原材料选用黄瓜丝、胡萝卜丝、山药丝、杏鲍菇丝、姜丝调制专用酱汁,外以鸭饼包裹。这 5 种原材料搭配在一起,不但营养丰富,口感俱佳,更有"五福临门"的美好寓意。

(资料来源:新华社)

资料四:APEC 掀起中式服装热潮

APEC 会议上首次亮相的特色中式服装,不仅让各国领导人眼前一亮,也引起了社会公众的关注。近日,在多家知名电商平台上均有"掌柜"推出 APEC 同款服装,有关中式服装的销售量比去年同期增长了 60%,新中式服装正逐渐成为销售主流。

据介绍,这次 APEC 会议上推出的特色中式服装就是新中式服装的典范,其款式分为 3 种:男领导人为"立领、对襟、连肩袖,提花万字纹宋锦面料、饰海水江崖纹"上衣;女领导人为"立领、对襟、连肩袖,双宫缎面料、饰海水江崖纹"外套;女配偶为"开襟、连肩袖外套,内搭立领旗袍裙"。男领导人服装包括外套、衬衫和围巾,女领导人服装包括外套和披肩,女配偶服装包括外套、旗袍和披肩。面料方面,中国三大锦之一的宋锦是领导人服装的主要面料。

这次会议为与会领导人及配偶提供了多种款式和颜色供自由选择。其中,男领导人一款四式五种颜色,女领导人一款两色,女配偶外套及内搭各四款四色。此外,考虑到北京的天气情况,还统一制作了男款围巾、女款披肩,在室外活动时备用。

(资料来源:《兰州晨报》)

思考:

1. 现代会议的综合性体现在哪些方面?
2. 国际会议对举办国社会经济、传统历史文化的宣传有哪些影响?

3. 仪式性会议活动

(1)开幕式(opening ceremony;official opening;inaugural ceremony):会议正式开始前举行的仪式。

(2)开幕会议(opening session;opening general session;opening plenary session):开幕式后进行的全体参会代表参加的会议。

(3)闭幕式(closing ceremony):会议结束时举行的仪式。

(4)闭幕会议(closing meeting;closing session):在闭幕式开始之前进行的成果总结式会议。

仪式性活动的举办,可以起到宣传的作用,能够扩大会议的社会影响力,提高社会大众的参与程度。

案例分析

第三届国际道教论坛在龙虎山盛大开幕

以地为席、以天做幕,山青水碧,道运绵长。11 月 25 日上午,以“行道立德,济世利人”为主题的第三届国际道教论坛盛大开幕,来自 27 个国家和地区的高道大德、中外嘉宾和道教信众 2000 余人云集道教圣地龙虎山,参加由中国道教协会和中华宗教文化交流协会主办、江西组委会承办的道教盛会。中共中央政治局常委、全国政协主席俞正声,中共中央政治局委员、国务院副总理刘延东分别为论坛发来贺信。全国政协副主席马飚宣布论坛开幕并致辞,全国人大常委会原副委员长许嘉璐出席。

……

开幕式前举行了道教祈福法会,近百面道教旗幡组成的旗阵进入主法台,在道教的音乐中,主法道士按传统仪轨,祈福国泰民安,世界和平。整个过程融入了道教师法自然、天人合一的理念。在场嘉宾均感受到远离尘嚣的一份宁静。开幕式上,还表演了极具中国韵味的文艺节目,著名歌手常石磊现场演唱了此次论坛的主题曲《问道》,著名表演艺术家唐国强表演了诗朗诵《上善若水》。文艺演出由杨澜、廖铁军主持。

(资料来源:《江西日报》)

思考:

1. 开幕式、闭幕式等活动在会议举办中有何作用?

2. 什么类型的会议适合举办开幕式、闭幕式等仪式类的活动?

4. 流程性会议活动

(1)注册(registration):即按照主办单位发布的统一要求,填写个人的相关信息,经主办单位审核同意而获得参会资格的过程。在大型会议中,现场注册需要在相对较短的时间内完成大量参会代表的身份确认、信息统计、缴费、资料发放等工作。

(2)早注册(early bird registration;advanced registration):即在主办单位规定的某一日期之前进行注册并可享受一定程度注册费优惠的注册方式。某些大型会议、国际性社团会议的筹备期相对较长，为了在时间上分散工作量、缓解资金压力，会通过早注册的方式来鼓励参会代表提前确认参会、缴费。

知识补丁

会议注册费是否可以退？

在大多数会议中，已注册并缴费的代表因故无法参会，可以通过书面形式（传真、邮件、电子邮件）通知会议组委会相关人员。退费申请需要在特定的时间前申请，申请时间越早，退费的比例越高，但通常不能全额退款。

四、When——会议时间

会议是共时性的团体活动，有科学、合理、严格、清晰的时刻性要求。

对于一个组织内会议来说，例如企业的部门会议，对于时刻的要求不是很突出，而如果是中型以上规模的会议，或者是国际性会议等，时间要素的作用会尤为突出。会议时间的确定一般需要从季节性选择、时刻性要求、节奏性要求等方面予以考虑。

1. 季节性选择

会议时间的确定往往需要考虑季节性因素。这里所说的“季节”，既包括自然气候所形成的季节，也包括由于会议所在行业、领域等特点而形成的如淡旺季、生产周期、时间惯例等时间特征。

例如，企业的职工代表会议，通常在年初召开，既利于总结上一年的工作、生产成果，又利于讨论、部署新一年的工作、生产计划，通过各种预算等；销售会议通常在本行业生产研发周期交替的时间举行，以提高产品销售任务的针对性；定期会议则会以固定的周期形式举行，如达沃斯论坛每年都会在冬季和夏季各举办一次。

案例分析

达沃斯论坛特地避开春节

楚天都市报讯 世界经济论坛2013年年会（即第43届达沃斯论坛）昨日在瑞士东部小镇达沃斯开幕。本届达沃斯论坛将围绕“为持久发展注入活力”的主题。

与往年相比，本届论坛“特意”避开中国春节，欧债危机也不再是唯一焦点，在发达经济体复苏前景不明、新兴经济体面临转型的2013年，本届论坛围绕“弹性”与“活力”两大关键词，探寻全球经济重返稳定增长轨道的途径。

据悉，历史上，冬季达沃斯一般常在每年1月份的最后一周举行，在时间上经常与我国的春节冲突，早在去年冬季达沃斯召开之际，该论坛高层就曾透露论坛将会避开中国春节。今年，冬季达沃斯于23～27日举行，恰恰避开了中国春节。

但报道称，尽管冬季达沃斯论坛在今年的开幕时间上已经作出了“妥协”，但中国代表团出席人数仅是印度的半数，中国似乎更倾向于选择在大连举行的夏季达沃斯论坛“发声”。

作为世界第二大经济体,中国声音一直备受关注。记者注意到,此次论坛有关中国的话题仍炙手可热。中国的经济增长环境如何?要为经济发展注入新的活力,中国改革应当重点关注哪些领域?中国下一项全球议程如何影响其他国家和地区?中国在自身增速放缓的同时,对全球经济至关重要的带动作用能否继续甚至加大?中国城镇化进程、金融改革等多个话题也都涉及。

欧洲政策中心首席经济学家法比安·祖莱格认为,虽然市场对欧元崩溃的担心逐渐消解,但欧美等发达经济体仍存在很多弱点。这就意味着中国很可能继续成为推动全球经济复苏的重要引擎之一。

(资料来源:荆楚网)

思考:

1. 2013 年达沃斯论坛年会时间为什么要避开中国春节?

2. 会议具体时间的选择应考虑哪些因素?

2. 时刻性要求

会议是一项暂时性的活动,相对而言,能够有效利用的时间比较少,需要进行科学的规划和严格的管理。所有会议活动都须明确时间,例如会议总体的起止时间、每一个单元性会议活动的起止时间、每一个流程性工作的时间节点,甚至是各种演讲、发言的时间限制等。如果缺少一致的时刻要求,会影响会议举办的效果。

案例分析

发言有专人打表　两天大会无一人超时

大型会议上,发言超时是常事,也是大家最头疼的地方,但在今年全市的经济工作会上,40 个区县、8 个市级部门的发言,没有一个出现超时的情况,开了两天的大会每个时间段都是准点开始,准点结束。

大会开幕的第一天上午,按照会议议程安排,全市 40 个区县轮流上台发言。就在彭水县县委书记蒲阳第一个走上讲台时,台下一些工作人员开始窃窃私语,“40 个区县,半天时间恐怕讲不完哦?”“每个人 4.5 分钟,肯定要超时。”……一边演讲,一边展示 PPT,在接近 4.5 分钟的时候,蒲阳完成了发言。随后的 39 个区县党政一把手陆续走上台,没有一个人超时。云阳县委书记李洪义说,自己的发言材料作了 4 次大修改,集中了工作的精华,就是希望在有限的时间里做出最好的展示,“而且让 40 个区县一起拿到台面上来比,这也是一项挑战。”

在市政协主席邢元敏所在的小组,一位参会人员更是拿起自己的手机读起短信来,“其实这些都是老百姓发到我手机上要求解决问题的,这一次正好,我直接读给邢主席听,解决问题就更快了。”

在以往的分组讨论中，都是由区县领导作为小组讨论召集人，分成十几个小组来谈，大家都是在谈自己的工作内容。可在今年的全市经济工作会上，把市领导作为了讨论召集人，分到了5个大组直接听取意见，几乎没有出现官话和套话，大家都是直接就事论事。

（资料来源：《重庆时报》）

思考：

1. 谈一谈控制会议发言时间的必要性？

2. 哪些办法可以控制发言时间？

3. 节奏性要求

会议时间是稀缺而宝贵的。除了要充分利用，还应当提高时间利用的效率和效果。会议活动在时间安排上应具有一定的节奏性，结合行业的具体特点以及人类普遍的生理需求和心理需求特点，适当地穿插一些休息、社交、文娱活动，可以帮助参会代表缓解疲劳、有效沟通、提高会议的效果。

五、Where——会议地点

1. 会址

现代会议活动可能涉及广阔的区域和多个国家，可能会伴随着大量参会代表在空间上的流动。会前一段时间明确会议地址的详细信息以及通达方式，是会前参会代表空间移动的依据。大型、特大型的国际性会议，会址通常会提前一年以上就明确，一方面是为主办城市留有足够的时间为会议的基础建设、配套设施等做准备；另一方面也是便于参会代表为参会做好充足的准备和计划。

案例分析

国际历史科学大会泉城开幕，中国20年前首次提请申办

2010年，在荷兰阿姆斯特丹召开的国际历史科学大会上，中国史学会提出承办申请，获得第22届国际历史科学大会的举办权。实际上，这并非中国第一次提出申办。

1995年，中国史学会在加拿大的蒙特利尔国际历史科学大会上提出承办申请，但没有成功。“那是中国史学会第一次正式提出申办，到现在已经过去了20年。”中国史学会会长张海鹏说。

中国人对国际历史科学大会的关注可追溯到110年前。“早在1905年，中国学者就开始在刊物上报道国际历史科学大会召开的消息。”张海鹏说，从1905年算起，至今已过去了110年，中国的史学家、史学界一直盼望国际历史科学大会有机会在中国召开。8月23日，这个盛会终于能够在亚洲、在中国、在济南召开了。

他介绍，中国史学会从1980年开始组织代表团出席国际历史科学大会，每届派出参会代表20人左右,多则30人。本届大会上,中方代表达到1 769人,是最大的代表团。

（资料来源:《齐鲁晚报》）

1. 国际会议举办城市的选择一般取决于哪些因素?
2. 你还了解哪些在中国举办的国际会议?

2. 会场

会场(venue),是用于举办会议或活动的场所。

(1)主会场(main venue),用于召开全体大会的会场。

(2)分会场(breakout room;sub-venue),主会场之外的,用于召开分组讨论或小型会议的会场。对于有多个会场的会议,需要将每一项会议活动举办的具体地点予以明确。

知识补丁

达沃斯论坛

达沃斯论坛,即世界经济论坛(World Economic Forum,WEF)是一个非官方的国际组织,总部设在瑞士日内瓦。其前身是现任论坛主席、日内瓦商学院教授克劳斯·施瓦布1971年创建的“欧洲管理论坛”。1987年,“欧洲管理论坛”更名为“世界经济论坛”。论坛因每年年会都在达沃斯召开,故也被称为“达沃斯论坛”。

2015年1月21~24日,第45届世界经济论坛年会将在瑞士小镇达沃斯举行,主题为“The New Global Context(全球新局势)”。

拓展提高

政府会议市场大幅缩水,企业会议逐渐接盘

近日,《2014年中国会议蓝皮书》暨《2013年中国会议统计分析报告》正式出台。报告指出,近年来各地大量使用财政经费,轰轰烈烈发展所谓“会议经济”,召开论坛、研讨会、峰会等,出现虚假繁荣景象。随着政策环境的变化,企业会议市场虽然预算缩减,但是逐年增长仍是未来行业趋势。

政府会议市场大幅缩水

北京神舟方舟国际会议展览有限公司(以下简称“神舟会展”)副总经理宋锐表示,今年神舟会展的政府会议业务为零。“原先包括政府会议、国有企业的会议能占到整体业务的1/3。受到政策环境的影响,原先的业务直接缩减为零。外资企业会议方面的投入明年也将大幅压缩。”深圳市捷旅会展服务有限公司副总经理助理庄宏表示,今年捷旅会展的政府会议活动业务也大幅减少,目前来自政府会议的业务不超过10%。

“由于政策规定政府会议禁止在五星级酒店举办,因而一些政府性的会议选择在会展中心举办。”庄宏说道。宋锐指出，一般政府会议的规模很大，而一般四星及四星以下酒店的会议场地面积难以满足会议需求。

中国会议酒店联盟常务副会长武少源表示，国内某会议型酒店原先平均每天收入高达160万元，但2013年一季度平均每天只有40万元的收入，较以往减少了75%。“而北京郊区一家著名的会议型酒店，仅今年1月就减少2 000万元收入。”武少源说。

政策环境是市场变化主因

《2014年中国会议蓝皮书》指出，4年来我国四大会议的排序完全相同，从高到低依次是企业会议、事业单位会议、政府会议和社团会议。但是四大会议的市场份额发生了很大变化，事业单位会议从2010年19.2%的市场份额减少到12.3%，下降了6.9%；政府会议从2010年17.1%的市场份额下降到9.8%，减少了7.3%；2010年这两类会议占到会议市场的36.3%，2013年下降到22.1%。企业会议2013年的市场份额比2010年增加了18.8%，占比高达68.7%。4年来，社团会议的市场份额有增有降，但变化幅度相对平缓。

武少源指出，我国会议市场出现这种变化趋势的原因主要是中央和各级政府从2010年起陆续出台了许多控制公款开会的政策，特别是2012年12月中央发布八项规定和六项禁令，明确提出“要精简会议活动，切实改进会风，严格控制以中央名义召开的各类全国性会议”。由此，主要使用公款举办的两类会议，即事业单位和政府机构的会议大量减少，而企业会议的市场份额相对大幅度提升，从而使我国的会议市场格局有了重大的变化。

合规的企业会议市场是趋势

与英国会议市场相比较，在我国会议政策的指引下，我国会议市场4年来呈现良性发展趋势。未来的发展趋势仍然是企业会议的市场份额逐年增长；主要用公款举办的事业单位和政府机构的会议市场份额还会逐年递减；而需要商业化运作的社团组织会议的市场份额变化不会很大。

康辉会奖总经理、康辉全国会奖专业委员会秘书长陈伟表示，康辉会奖多年来一直以企业会议尤其是国际跨国公司会议为主，政府会议比例非常少，几乎可以忽略不计。在陈伟看来，目前国内的会议市场的趋势是会议整体预算越来越紧张；更多客户限制使用超豪华度假酒店；客户对酒店直接采购比例提高；会议合规要求愈发严格；结算审计繁复，结算超期严重；不规范的会奖公司被陆续淘汰；智慧化、差异化服务成为趋势。

（资料来源：《北京商报》）

思考练习

一、填空题

1. 现代会议的基本要素是________、________、________、________以及________5个方面。
2. 专业性会议活动主要包括________、________、________等。
3. 会议的相关人员主要有________、________、________、________、________等。
4. 会议活动中，以社交活动为核心的是________、________、________等。
5. 会议时间的确定一般需要从________、________、________等方面予以考虑。

二、选择题

1. 属于仪式性会议活动的是(　　)。
   A. 开幕式　B. 宴会　C. 现场注册　D. 主题演讲
2. 会议的核心活动是(　　)。
   A. 流程性活动　B. 仪式性活动　C. 社交性活动　D. 专业性活动
3. 在会议中,最普遍采用的社交性会议活动是(　　)。
   A. 酒会　B. 晚宴　C. 茶歇　D. 午宴
4. 属于流程性会议活动的是(　　)。
   A. 开幕式　B. 早注册　C. 现场注册　D. 酒会
5. 仪式性活动是(　　)。
   A. 会议核心活动　B. 扩大宣传　C. 不需考虑成本　D. 没有任何必要

三、简答题

1. 主持人应具备哪些条件?
2. 早注册有什么作用?
3. 会议注册费是否可以退?

学习任务3　会议服务的内容和流程

任务概述

假设你们的小组是一家专业会议服务公司的业务团队,谈一谈为了能够承接会议活动,需要具备哪些条件、应该从哪里入手开展业务。上网浏览一些会议公司的网页或实地调查一家本地的会议服务公司,了解这些公司都从事哪些方面的业务、提供哪些专业会议服务、服务流程是怎样的。在课堂上阐述你们的团队对开展会议服务业务的设想。

任务目标

- 能阐述 PCO 在会议活动组织中的专业优势
- 能针对特定的会议项目提出初步构想
- 会撰写小型会议活动的策划书

学习内容

现代会议活动的形式多样、涉及面广,包括前期的会议场地的选择,会议室的布置、会议的宣传营销、各种繁杂的会议事务安排,会议期间人员的接待、食宿、社交、娱乐、旅游、参观、访问、交通、展览等活动的安排，会后的善后工作，工作量相对较大。此外，会议的举办过程中，需要与会议中心、会议宾馆、餐馆、旅行社、文化场所、交通公司、展览公司、政府部门等很多企业和政府机构打交道，还需要涉及多个行业领域的专业知识。

为了规范内部管理、提高会议的效率和专业化程度，会议的主办方越来越倾向于将会议活动的策划、组织、服务和管理工作，全面或部分外包（outsourcing）给专业的会议服务公司（PCO 或 DMC）来完成。

PCO（professional congress/conference organizer，专业会议组织者），是指为客户组织和管理会议项目，提供全面且专业的会议服务而获取收入的企业。PCO 提供的服务通常包括会议策划、注册、会址选择和预订、物流、灯光音响、和 IT 方案、推广、邀请演讲人、招募赞助商、社交活动和预算控制等，有时也作为会议主办者的顾问为其提供会议咨询服务。因此，PCO 是利用专业优势，整合所有相关的会议供应商，为会议主办方提供综合性的服务，而非单项服务。

DMC（destination management company，目的地管理公司），是指为会议主办者或其委托的专业会议组织者在会议举办地提供专业接待服务的企业。通常拥有良好的本地资源和会议服务经验，负责实施安排餐饮交通、社交活动、酒店预订等部分会议活动。

外包（outsourcing）是指企业动态地配置自身和其他企业的功能和服务，并利用企业外部的资源为企业内部的生产和经营服务。外包是企业将组织的非核心业务委托给外部的专业公司，以降低营运成本，提高品质，集中人力资源，提高顾客满意度。

会议活动的外包促成了会议业的产生和发展。会议业是生产力发展、社会分工细化的产物，根据主办方的要求策划、组织并实施会议活动，是会议业的价值体现。熟练掌握会议服务的内容与一般流程，并能结合主办方的具体要求和会议特点制订方案并实施，是会议服务企业专业性和竞争力的体现。

一、与会议主办方洽谈

会议项目的策划、组织和执行的全过程，都需要主办方和 PCO 的共同参与。一旦有了合作意向，PCO 就要与会议主办方进行深入的洽谈，以了解主办方对于会议的初步计划和设想，如会议的目标、时间、地点、形式、规模、预算、历届会议的历史数据等作为参考，如果会议是首届举办，则前期的洽谈就更加重要。

在了解主办方需求信息的同时，PCO 也应尽可能向主办方展示自己的专业优势，例如以往做过的成功案例、合作过的组织机构、供应商资源等。PCO 可以通过向主办方展示企业的宣传片、发送宣传材料或进行 PPT 现场演示等方式进行自我推介，以增加合作的机会。

PCO 也可以通过竞标的方式申办社团会议、国际会议、企业会议等。

案例分析

某会议公司服务项目

一、会前服务

1. 及时准确提供酒店、大小交通（机票、火车票）、旅游信息，针对您所需的服务项目第一时间策划与报价。

2. 如果您需要亲临现场考察,我们会有专人协助您的工作。

3. 执行双方确认的协议条款,在保证您所需的服务的前提下,保护双方的合法权益。

4. 提供会议签到台,并有专人协助会务组分发资料,办理相关入住手续。

5. 会议期间及时叫早、叫醒服务使参会代表安心休息。

6. 参会代表离店前,有专人协助办理离店手续节省大家时间,同时为部分延住、晚离店代表办理相应手续。

7. 会议期间,根据具体情况,适时提供会务人员部分免费房(1~2间)。

8. 免费给会议重要领导住房赠送鲜花和水果。

9. 协助会务组布置会场和绿化。

10. 如果您需要在会议答谢宴会上穿插即兴的文娱活动,我们能为您安排最好的节目与演员、乐手,提升现场气氛。

11. 免费为会议提供会议提示牌、水牌和席位卡。

12. 根据实际情况,提供收费/免费机场、火车站接送服务,如有参会者需提前返程,可在会堂一角设返程机票预定。

13. 如果您在会后需要为参会嘉宾提供一份具有当地特色的纪念品,我们会提供必要的服务及信息,并协助您采购。

14. 如果您在会后需要为参会嘉宾提供一次难得的旅游活动,我们会为您提供最优质的旅游行程、游览到最好景区景点、安排最佳时间段飞机航班、品尝到当地最具代表性的风味餐、最好的导游、驾驶技术一流的师傅和车况良好的旅游车辆,同时报给您一个合适公道的价格。

15. 公关礼仪:

礼仪小姐(现场礼仪接待,派发资料,形象展示)

文艺演出(专业表演团,可挑选节目)

空飘(氢气球充气、升空)

花篮(大、中、小号定做)

主持人(男、女均可)

签到笔簿(专业用品)

摄影摄像(专业摄影公司、专业摄影师)

16. 印刷设计:很多文字性的宣传资料,由于量大不便携带,我们愿意在当地为客户解决这些资料的制作工作。名片单色/多色的制作;意见调查表格;相关资料的打字、复印、印刷;彩旗的制作;背景牌:有材料做夹板,进口荧光纸。

17. 物品运输:会议中若是需要很多相应物品和设备的,我们愿意为客户解决这些物品的运输、搬运问题。

小件展品运输:展柜,展桌,椅子,小型设备,小件货物的运送;

大件展品运输:大型器械,大件物品的运送;

特种展品运输:化学用品、医药用品以及复杂物品的运送;

远程展品运输:远距离的展品运送;

参展资料运输:宣传资料、印刷品、纪念礼品的运送;

贵重展品运输:电脑、服务器、钢琴等贵重物品的运送。

18. 物品配送:

酒水食品:如会议期间会务方需要烟、饮料、矿泉水、食品等日常生活用品,我方可代购;

办公用品:代办会议期间,会务组所需的办公用品;

纪念礼品 :提供礼品、旅游纪念品的咨询、选送等服务;

旅行袋:印有会议主办方指定的图案和文字的旅行袋,除能帮助参会嘉宾装载物品外,更多一份纪念意义;

笔记本:特殊纪念意义的笔记本,能让客户铭记本次活动与会议主办方。

19. 翻译服务: 中英对译口译、中日对译笔译、中韩对译笔译、中俄对译口译。

20. 订票服务:代订各大航空公司及相应各大航线优惠折扣机票;免费代订全国各地返程火车硬(座)卧铺车票。

21. 邮政速递:文件资料包含印刷品、信函、明信片、大小件包裹的代为发送、寄出。

22. 汽车租赁:专车免费全天接站;优惠价格提供会议期间用车服务。大巴及各种品牌的中高档轿车,任您选择。

23. 医疗保健:如客户需要,我们可派出随团医生,保障会议期间客人的身体健康。

二、会中服务

按照预期计划履行方案,在执行过程中,要做到耐心、细致与周到。

1. 餐饮安排

2. 交通安排

3. 翻译安排

4. 旅游安排

5. 司仪安排

6. 秩序维护

7. 茶歇安排

8. 会场布置

9. 摄影摄像安排

三、会后总结

会后总结是成功会议必不可少的一步,既体现了办会者的优质服务,又能为下一次会议的成功积累经验。

1. 资料汇总

2. 会议结算

3. 通讯录制作发送

4. 会议评估与总结

思考：

1. 该公司主要提供哪些会议服务？

2. 专业会议服务公司的核心竞争力体现在哪些方面？

二、提出会议初步方案

在了解了主办方的具体需求后，PCO 需要利用其专业优势，着手进行会议的初步策划。成功的会议策划，应当保证实现会议供、需要素的最佳匹配，既要最大限度地满足主办方的要求，又要在付诸实施的过程中能够相对经济、便捷地寻找到与会议活动各环节相对应的会议服务供应商；既要有创意，又要具有可行性。

会议策划方案的内容一般包括对于会议内容、时间、地点、活动、流程、配套服务、预算等方面的初步计划，通常以 PPT 演示的方式向主办方的决策者进行概括性的说明，并以 WORD 文档的形式进行详细说明。

为了保证满足合作的达成，PCO 通常会为主办方提出多个备选方案，或者在具体环节上提供多种选择，最终通过反复的沟通、权衡，选择最适合，作为初步方案。

三、现场考察会议场所

当主办方对初步方案予以了肯定，就可以着手开展会议场所的现场考察。

现场考察(site inspection；site visit)，即主办单位或承办单位对会议举办地城市、服务供应商和会议场所进行现场观察、获取信息及沟通洽谈的活动。现场考察是对候选会议场所的细节进行考察、评估的一个过程，可以了解会议场所是否符合主办方和会议的需要和要求，通常考察的内容包括场地的面积大小、会议室的数量、餐饮和住宿等基础设施、会议专业设备情况、价格情况、服务水平、交通条件等。

确定会议场所的时间通常取决于会议的规模，会议规模越大，时间越需要提前。主办方也可能指定会议场所，在这种情况下，PCO 仍需要进行现场考察、了解更多场地信息，以保证后续工作的顺利进行。

为了突出考察的重点，可以根据会议的具体特点、主办方的预期等因素综合考虑，拟定一个会议场所考察清单表，将最重要的指标和条件罗列出来，可以便于对不同会议场所的比较和选择。选择适合的会议场地，必须依据当地可提供的会议资源状况及该会议的具体情况结合考虑。

动手做

以小组为单位，在本地选择两个最具有代表性的会议场所进行实地考察，在出发前设计一个表格，对会议场所进行对比。撰写考察报告并在课堂上进行阐述和讨论。

四、编制会议预算

1. 会议预算的含义

预算(Budget)是指企业或个人未来的一定时期内经营、资本、财务等各方面的收入、支出、现金流的总体计划，即将各种经济活动用货币的形式表现出来。预算由预算收入和预算支出组成，支出又可以分为固定支出和可变支出。

预算包含的内容不仅仅是预测，它还涉及有计划地巧妙处理所有变量，这些变量决定着公司未来努力达到某一有利地位的绩效。

会议的部分支出都发生在会议获得收入前，通过预算可以清楚地了解会议启动资金需要的金额，避免出现由于启动资金不足而影响了会议的正常筹备。

2. 会议支出构成

(1)场地租金：场地租金中通常会包含某些常用会议设施、设备和物品，譬如音响系统、激光指示笔、桌椅、主席台、白板或者黑板、油性笔、粉笔等，但一些非常规设施并不涵盖在内，比如投影设备、临时性的装饰物、展架等，需要加装非主席台发言线路时也可能需要另外的预算。

(2)餐饮费用：会议餐饮服务可以很简单，也可以很复杂，这取决于会议议程的需要及会议目的。如果将餐饮与会议社交活动相结合，则餐饮服务的标准要求会相对高一些，进而带动餐饮费用的提高。此外，餐饮企业是否允许自带酒水、对服务费的相关规定等，会直接影响餐饮费用。大型会议可以在会前与服务企业就价格政策进行谈判，以节省餐饮费用。

(3)交通费用：会议的交通费用主要是会场交通费用，包括住宿地至会所的交通、会所到餐饮地点的交通、会所到商务交际场地的交通、商务考察交通以及其他与会人员可能使用的预订交通。

(4)会议设备租赁费用：不同的会议活动对设备的需求也不尽相同。大型会议、国际性会议以及特定专业领域的会议活动，可能还需要使用一些特殊设备，如 LED 显示屏、投影仪、笔记本电脑、移动式同声翻译系统、会场展示系统、多媒体系统、摄录设备等，通常租赁费用中包括设备的技术支持与维护费用。会议设备的品牌、产地、型号及新旧程度不同，租赁的价格可能相差很大。在租赁时应对设备的各类功效参数做出具体要求，以便获得最高的性价比。

(5)会场布置费用：如果会议有特殊的布置要求，还需要进行专门的设计、临时建筑物的搭建和会议场地布置，需要支出相关的设计费、搭建费、布场物料费、工程人工费等。

(6)印刷费：会议需要使用到大量的会议资料，如会议指南、会刊、会议通知、邀请函等，资料的设计和印刷费用也是会议常见的一项支出。

(7)其他支持费用：会议的举办需要使用支持性的服务，如广告宣传费、物流费用、临时人工费、仓储费用等，可根据会议的具体需要选择。

案例分析

本市出台机关会议费管理办法，预算细化到项目

记者昨天从“中国上海”网获悉，上海近日出台《上海市市级机关会议费管理办法》，对各类会议的会期、规模及经费使用等做出详细规定。《办法》还明确，违反规定的将由市财政局会同有关部门责令改正，追回资金，并根据《财政违法行为处罚处分条例》对相关单位和人员进行处理。

该《办法》适用范围包括市级党的机关、人大机关、行政机关、政协机关、审判机关、检察机关,各人民团体、各民主党派市委和市工商联。《办法》同时将会议划分为一、二、三、四类。一类会议包括市党代会,市"两会",市级各人民团体、各民主党派市委和市工商联代表大会等依据党章、法律法规、章程和其他有关规定定期举行的会议;二类会议是以市委、市政府、市人大、市政协、民主党派市委、市工商联名义召开的,要求下属区县或职能部门负责人、代表委员、区县级党派团体负责人参加的会议;三类会议由各市级机关召开的,要求相关部门分管负责同志参加的全市性会议;四类会议是其他业务性会议,包括小型研讨会、座谈会、评审会等。

《办法》规定,各市级机关召开会议应严格控制会议数量,加强和规范会议费管理。会议费预算要细化到具体会议项目,执行中不得突破。会议费应纳入部门预算,并单独列示。各市级机关应严格控制会议会期。其中提到一类、二类会议会期根据工作需要从严控制;三类、四类会议会期均不得超过两天;传达、布置类会议会期不得超过一天。会议报到和疏散时间合计不得超过一天。

同时,会议规模也要严格控制。一类会议严格限定会议代表和工作人员数量。二类会议规模根据会议性质和主要内容确定,工作人员控制在代表人数的15%以内。三类、四类会议参会人员视内容而定,全市性会议一般不得超过300人,其他业务性会议一般不得超过50人;其中,工作人员控制在代表人数的10%以内。各市级机关召开会议应充分运用电视电话、网络视频等。传达、布置类会议优先采取电视电话、网络视频会议方式召开。

会议费开支实行分类管理。一类会议综合定额标准(每人每天)不超过660元,其中住宿费400元、伙食费150元、其他费用110元,各项费用之间可调剂使用。二类会议(每人每天)不超过550元,三、四类会议(每人每天)不超过450元。

《办法》还规定,会议费由会议召开单位承担,不得向参会人员收取,不得以任何方式向下属机构、企事业单位、区县转嫁或摊派。各市级机关会议费支付以银行转账或公务卡方式结算,不得以现金方式结算。《办法》还明确了公示制度。各市级机关应当将非涉密会议的名称、主要内容、参会人数、经费开支等情况在单位内部公示,具备条件的应向社会公开。

《办法》还明确,各市级机关应严格执行会议住宿标准,不得安排高档套房;会议用餐严格控制菜品种类、数量和分量,安排自助餐,严禁提供高档菜肴,不安排宴请,不上烟酒;工作会议会场一律不专门摆放花草,不制作背景板,不提供水果。

(资料来源:《解放日报》)

思考:

该规定对PCO承办政府会议有哪些影响?

3. 会议收入来源

(1)会议注册费:会议注册费是会议收入的基本来源,通常包含代表注册费、会员注册费、会议演讲人注册费、陪同人员注册费、学生注册费几类,收费标准会有所差别。会议注册费的标准,应当以会议活动的内容以及相关配套服务而定,并适当参照国际、国内同类专业同类型的收费标准。

(2)财政拨款:国家的相关政策,对于某些类型、层次的会议,可能有财政拨款,仔细研读相关的政策,可以寻求更多的资金或政策支持。

(3)展览收入:如果会议同期进行附带展览,则可以通过出售展位、提供搭建服务等方式获得展览收入。

(4)广告费和赞助费:会议举办过程中,可以为一些企业提供现场的推介机会,例如活动冠名、卫星会议、主题演讲、现场广告位、会刊广告等,以获取广告费、赞助费收入。会议规模越大、专业性越强、社会影响越广泛,广告赞助收入越高,甚至会高于会议注册费收入。

(5)其他收入:会议的举办为相关的供应商提供了销售机会,这些企业会按照一定比例、以佣金的形式向主办方或 PCO 进行资金的返还。最常见的就是酒店客房佣金。

案例分析

10 家企业成为 APEC 会议第二批赞助商

24 日下午,柒牌集团、北京银行等 10 家企业加入 2014 年亚太经合组织会议(APEC)赞助商的行列。

在当天下午举行的 2014 年 APEC 第二阶段赞助签约仪式现场,柒牌集团、北京银行、国礼紫砂艺术研究所、红牛集团、华为公司、华夏银行、一汽轿车、华江文化、国奥北方、大宋官窑瓷业等 10 家赞助商签署了赞助合作协议。赞助内容包括交通工具、通信工具、饮品、服装、纪念品、现金等多个品类。其中,一汽轿车将赞助"红旗 7"汽车使用权,华为公司赞助用于电子会晤手册的平板电脑,华江文化公司将赞助 APEC 会议纪念徽章,北京银行和华夏银行提供现金赞助。

18 家企业参与 APEC 会议赞助(第一阶段 9 家企业成为赞助商,两批赞助商中柒牌集团均入选),赞助工作呈现出两大特点。一是赞助商几乎全部是快速走向世界的民族品牌,如一汽轿车、北汽集团、华为公司均为世界 500 强企业,华夏银行和北京银行均已进入全球银行百强行列。二是大量赞助产品体现着浓郁的中国文化,如国礼紫砂艺术研究所赞助的国际贵宾泡茶专用紫砂壶艺术品、大宋官窑瓷业公司赞助的"清静和雅"系列茶具以及"中华老字号"吴裕泰赞助的"老北京四季茶"等。

会上,2014 年 APEC 会议北京市筹备工作领导小组副组长、北京市副市长程红表示,工商界在历届 APEC 会议中扮演着重要角色,做出了重大贡献。目前,北京市正在全力以赴地做好 11 月份 APEC 领导人会议周的筹备服务工作。

(资料来源:新华网)

思考:

1. 企业赞助会议的目的是什么?

2. 国际性会议在选择会议赞助商时,需要考虑哪些因素?

4. 编制会议预算

会议预算能够提供一个定量的会议财务计划,既反映出会议固定支出和可变支出分别是多少,也需要估算各项会议收入。

编制会议预算的一般顺序依次为编制会议的固定支出、可变支出、会议的收入和预算总结。会议的固定支出的确定,需要具备办会经验,掌握一些相关数据,了解各种相关产品和服务价格,并考虑到未来通货膨胀的因素后进行编制。会议的可变支出根据预测的会议人数和各种价格进行编制。根据会议的人数和支出,计算出会议注册费的收费标准,加上会议可能的其他收入,就可以计算出会议的收入。

如果会议的人数已经确定,编制会议预算相对比较容易。而在会议的具体人数确定前,会议预算只能是一个大概上的估算,因为会议的各项预算指标,都与人数有关。例如场地租赁费,属于固定支出,但是租赁多大的会议室、需要使用的会议设备的规格和数量等,都与人数有关。可以根据对人数预测的不同区间,分别大概估算一下预算情况。

会议预算的结果最终需要提交给会议主办方作为决策参考。

表 1-2　　会议预算表范例

会议预算表		
会议地点		会议性质
参会人数	200	
会议收入预算		
收入项目	金额	备注
会务费收入	160 000	与会人员:800 元/每人
广告费收入	180 000	
赞助费收入	700 000	
其他	20 000	
合计	1 060 000	
会议支出预算		
支出项目	金额	开支标准
承办者报酬	6 000	
陪同人员接待费	3 000	
会议地点使用费	69 000	全体会议:24 000　并行会议:15 000　分组会议:30 000
工作人员报酬	5 700	
奖品和纪念品	20 000	纪念品:100 元/件　数量:200 件
推广宣传费	505 000	宣传片 180 000;宣传册、传单 5 000;节目费 20 000;电视台 300 000
翻译费	3 000	翻译一名:1 000/天

（续表）

会议支出预算		
支出项目	金额	开支标准
发言人	16 000	6 位发言人
材料印刷费	4 600	
文件费	5 000	证件费:1 000　会刊费:2 000　书籍费:2 000
接待费	3 000	贵宾接待
住宿费	30 000	住宿:100 × 3 × 100
餐饮费	80 000	宴席:1 000 × 2 × 20,便餐:500 × 3 × 20,自助餐:50 × 200
交通费	10 000	50/人
税务费	8 000	发票税等各类税款
其他	5 000	签到牌:1 000
合计	773 300	
预计会议结余:286 700		

五、确认方案并签订服务合同

主办方与 PCO 就会议项目合作达成一致后,需要通过书面的形式,签订合同或协议书正式确立合作关系。

合同(Contract),又称为契约、协议,是平等的当事人之间设立、变更、终止民事权利义务关系的协议。合同作为一种民事法律行为,是当事人协商一致的产物,是两个以上的意思表示相一致的协议。只有当事人所作出的意思表示合法,合同才具有法律约束力。依法成立的合同从成立之日起生效,具有法律约束力。在合同或协议中,需要明确各自的权责关系,以保证合作的顺利进行,保障双方的合法权益。

协议书是社会生活中,协作的双方或数方,为保障各自的合法权益,经双方或数方共同协商达成一致意见后签订的书面材料。协议书是契约文书的一种,是当事人双方(或多方)为了解决或预防纠纷,或确立某种法律关系,实现一定的共同利益、愿望,经过协商而达成一致后,签署的具有法律效力的记录性应用文。

会议项目是一项涉及多个行业、多家企业参与的项目,每一个环节都可能影响到会议的进程和举办的效果。PCO 在接受了主办方的委托后,还需要再与各个会议供应商分别进行单向服务的外包。因此,PCO 需要具备良好的供应商资源。在签订合同或协议前,需要对相关供应商资源有正确的评估。

会议是共时性的群体活动,对于细节的要求较高,会议举办过程中的每一个关键性的时间、环节、数量、空间等都应尽可能考虑到,服务合同或协议的条款应尽可能细化。

知识补丁

会议承办代理合同范本

甲　方：

乙　方：

经友好协商，甲、乙双方就乙方承办/代理甲方之__________会议事宜达成如下协议，双方共同遵守执行。

一、甲方主办的__________会议全部交由乙方承办。会议地点是__________。会议时间______年______月______日至______年______月______日。

二、乙方提供如下会议服务：

1. 接待；

2. 会场安排；

3. 会议餐饮安排；

4. 会议代表住宿安排；

5. 会务考察安排；

6. 返程票务服务；

7. 财务协助。

各项服务分别如下：

■礼仪及接待

乙方提供______名接待人员，设立标识(甲方提供企业或行业标识，乙方制作，费用另算)，至汽车站、火车站、机场，引导参会代表及安排商务车辆前往下榻酒店。在下榻酒店大堂设立专用接待台(乙方负责设立)，乙方提供______名工作人员协助甲方会务组人员进行代表签到、房间安排、发放会议指南(甲、乙双方共同拟定)、告知代表会议注意事项。礼仪工作时间为______月______日______时至______月______日______时，下榻酒店接待人员工作时间为______月______日______时至______月______日______时。

■会议交通

1. 站场接送

根据甲方实际要求，乙方必须于______月______日______时至______月______日______时安排______辆______座空调巴士至机场(汽车站、火车站)。双方同意所有费用按运输趟次结算，其结算标准见下表。如果由于甲方原因使得预订的车辆空驶，甲方按照大巴______元/趟次、面包车______元/趟次、轿车______元/趟次结算。所有交通工具的运行命令由甲方发出，并在行驶单上签字。送站场费用同上述约定。双方应在______月______日前，确认需要送站场的名单。甲方应该在本协议签署前告知乙方此部分费用的分摊方法(会务组支付或者个人支付)，甲方确认。

2. 会务交通

乙方必须于________月________日________时至________月________日________时安排________辆________座空调巴士，8座面包车________辆，4座轿车________辆至________酒店，用于接送会务人员至会场/宴会现场（地点为：________________）。甲方负责通知并集合需要乘坐商务用车之人员。用车行程为（往返/单程，选择）。费用合计为________元。

■会场布置：

乙方应在________月________日前预订________________会场，并于____月____日前按甲方要求完成布置：

1. 主席台：要求________席位，有线/无线麦克风________个。配置茶水杯（或者瓶装矿泉水）。双方确认：投影仪为（甲方自带，乙方提供甲方租赁，第三方提供），当甲方自带时，乙方仅有义务提供技术支持，不负责保证仪器正常工作；双方确认，投影仪租赁价格为________元/天，茶水提供及服务人员包含在会场租赁成本中。

2. 会场布置：乙方必须于________月________日前完成会场布置——U形、课堂式、围桌型、剧院式等供选择，安排席位不少于________个。会场悬挂横幅________条，内容为________________________。

3. 氛围支持：乙方应在________月________日前完成________个气球条幅悬挂，条幅内容为（________________________），拱形气模________个，会场内/外摆放花篮________个。会场布置与氛围支持费用总计为：________元。

4. 同声翻译系统：乙方必须于________月________日前调试好同声翻译系统，提供________声道翻译（语种为________），________月________日前甲方应将发言大致领域及特点告诉口译员，并告诉口译员发言者国别与大致语言习惯。乙方提供的口译人员必须在________月________日前熟悉所需翻译的专业领域。同声翻译支持费用总计为：________元。

■餐饮安排

双方确认，会议期间与会人员就餐地点为____________酒店____________餐厅及____________餐厅。其中，中餐就餐人数不少于________人次，西餐就餐人数不少于________人次。早餐餐标为________元/人，正餐（中餐及晚餐）餐标为________元/人，宴会餐餐标为________元/人，早餐、正餐及宴会餐食物见附件（菜谱）。会议提供的餐饮不含酒水（或者含酒水），时间是________月________日________餐至________月________日________餐止，其中________月________日________餐为宴会餐。会议人员凭____________证件（或者餐卡）就餐。早餐形式为自助餐（或者团餐），正餐为围桌式（或者自助餐）团餐，具体就餐时间由乙方制作水牌告知甲方与会人员。

商务考察旅程用餐另计。

■宴会餐/商务酒会要求

时间:________月________日________时至________月________日________时

规模:________________________;内容:________________________;

(1)自助餐/围桌宴会:____________________;(2)演讲系统:________________;(3)娱乐节目:__________________;(4)服务/交通:__________________;餐饮费用总计为:________元。

■会务考察安排

1.会务考察双方确认,会议期间甲方与会人员进行商务考察,线路及行程如下:

线路安排:D1 ________________________;D2 ________________________;D3 ________________________;

人数:________人;车辆要求:____________________________;乙方提供旅行责任保险、专业导游、陪同。

■返程票务服务

双方确认,甲方人员返程事宜由会务组织统一安排/与会人员自行支付。乙方提供返程票务代理服务(在签到会场酒店大堂提供咨询及预订处,时间为________月________日________时至________月________日时):1.机票:明折明扣,送票费20元/张,送票至下榻酒店;2.火车票:按票面实际价格,每张收取30元服务费,送票至下榻酒店;3.巴士:按票面实际价格,送票费20元/张,送票至下榻酒店。

■住宿安排:

双方确认,甲方预订客房数共计________间,其中,____________饭店________级标准间________间(________元/间),商务套间________间(________元/间),行政套间________间(________元/间);__________饭店________级标准间________间(________元/间),商务套间________间(________元/间),行政套间间(________元/间)。基于与会人数有一定的机动性,双方约定乙方________月________日________时预留客房+10%;截至________月________日________时甲方实际用房如果低于预订,则按预订客房数量结算,超过的按实际结算(在预订总量的10%范围内),乙方承诺超过部分按预订价格计算。

________月________日________时以后按实际用房计算。所有用房时间为________月________日至________月________日________时。超过________月________日________时,如果甲方人员需要继续使用客房,可提前通知乙方,乙方可以与酒店交涉,尽量(但不保证)按协议价格结算。

双方确认,乙方必须在________月________日________时前获得酒店预订房间钥匙牌,按甲方指定名录登记分派房间,同时完成入住登记。

■财务协助:双方确认,甲方与会人员签到时,乙方提供________名财务人员协助甲方收取会务费用,提供验钞设备,并协助甲方人员统计核实相关应收费用。

三、双方确认：以上预订及服务属于不可撤销约定。自双方签字、盖章且甲方按本条款支付预订金之日起协议立即生效。甲方于协议生效后________个工作日内支付人民币________________元作为预付金。

■变更及核算原则

1. 甲方确认：除非发生以下几种情况，否则甲方不存在撤销或变更本协议理由——如果撤销或变更，乙方将有权要求甲方支付撤销或变更给乙方造成的预期损失：

▲战争或政治事件；▲甲方进入破产程序；▲甲方实体进入重组变更程序；▲因地震、洪水等人力不可抗拒因素；▲由于政策或法律变化导致会议不可能举行。

2. 甲方如在预定的期间内变更会议时间，但变更通知必须于预定期限前________天抵达乙方，乙方接到甲方通知后应在________个工作日内以(□传真 □电邮 □公函)方式回执确认，甲方在接到乙方确认文件后即表示甲、乙双方就会议时间的变更达成一致，双方间的协议除会议日期外，其余不作变更。

3. 乙方服务的变更 除非发生如下情形，否则乙方无权变更服务：

◆ 乙方签约的下游服务商出现法律规定的破产、停业或者其他人力不可抗拒的服务中止事件，同时乙方更换的下游服务商不能满足甲方要求；

◆ 会议地点出现重大自然灾害(包括急性传染病)；

◆ 会议地点出现重大政治事件(包括政府征用会议场所)。

如果不是由于上述原因，乙方要求变更服务，将赔偿甲方由于服务变更而导致的预期损失。出现本条款所列事项时，乙方应该在第一时间内以书面形式通报甲方，并在甲方收到通知后作出变更预案供甲方选择——乙方保证变更的服务应当不低于原来协议水准。

基于友好合作的精神，所有变更事宜双方同意协商解决。同时双方约定：

◆甲方变更或取消会议应当在协议生效后会议正式举办前________个工作日前通知乙方，除乙方已经支付的成本外(在甲方的预付款项中抵扣，不足部分乙方有权要求甲方补足，多余部分乙方同意返还甲方)，乙方放弃预定收益的索赔；

◆甲方变更或取消会议的决定如果在会议前________日通知乙方，甲方应赔付乙方预期利益的________%，并不退回预付金；

◆乙方由于非本条款原因要求改变服务或者取消的，于会议举办前________日通知甲方的，必须全额退还甲方预付款；如在________日前通知甲方，乙方必须赔付甲方本协议总金额的________%。

4. 双方约定费用核算原则如下：

◆双方确认，所有服务费用在________月________日前由甲乙双方核算认可，甲方保证一次性将款项支付给乙方——如果超过约定期限，乙方有权要求甲方支付滞纳金——标准为总量的0.5%，按日计算。

5. 生效：本协议自双方共同签章且甲方提供规定的预付金后生效。协议一式四份，双方各执两份。

6. 未尽事宜、仲裁：双方约定，如果对本协议执行出现争议，将首先协商解决；如果协商不能解决，双方将申请仲裁解决，仲裁地点为＿＿＿＿＿＿＿＿。

甲方签字：	乙方签字：
盖　章：	盖　章：
联系人：	联系人：
地　址：	地　址：
电　话：	电　话：
账　号：	账　号：
开户行：	开户行：

拓展提高

PCO 是社会分工和会议活动繁荣的共同产物，PCO 的业务开展，依靠的是对需求资源和供给资源的匹配、整合，PCO 提供的主要是策划、组织为主的服务，而具体服务的实施，基本都是由来自于不同的行业、不同企业的会议供应商。阅读下面的资料，谈一谈你对 PCO 的认识。

会议产业链的分工与合作

会议的生产过程看似简单，比如，一个政府部门召开一个年度会议，发一个红头文件到各有关单位，安排两个人联系、确认参会的人以及其座次，把会议议程打印、装订好，找一个会议室（或在机关内，或在酒店），挂一个横幅，准备领导的桌签，届时内部工作人员或酒店的员工负责音响和茶水，领导讲完话，会议就“圆满”结束了。

但即使是这般简单、几乎全部由内部工作人员组织实施的会议，不租用场地做会议举办地，用自己机关的音响，文件打印和装订由办公室负责的，桌签也是自己打印的，可以说没有借助外力，但至少有一样东西是机关自己不能做出来的，那就是横幅。如果自己的后勤部门也都能制作横幅，那么有两个问题要问：第一，自己工作人员的制作水平和工艺（统称质量）能否达到专业制作横幅的质量？第二，这个成本比外面专业制作的低吗？

答案是否定的。试想，自己不如别人专业，成本不如别人低，没有理由不用别人来为自己做事。理性人总是追求自身偏好满足的最大化，所以理性人不选择坏战略，这就是分工的魅力。现代社会是一个分工的社会，由于分工明确，提高了生产效率。《鲁滨孙漂流记》中的唯一主人公鲁滨孙每天自己种植、打猎、捕鱼，但他不可能精于每一项谋生的手段。超人也有弱点，正所谓“术业有专攻”。所以亚当·斯密在《国富论》中论述了分工可以增进一国的财富。

产业链的形成首先是由社会分工引发的，在交易机制的作用下不断引起产业链组织的完善，这种完善是在企业自发（主动）和用户的压迫（被动）两种合力的作用下持续进行的。产业链划分为一系列有关联的生产环节，而企业难以应付越来越复杂的分工与交易活动，不得不依靠不止一个的第三方，即上下游企业间的相互协作。

今天的分工已超越地域，成为全球范围内的分工，但同时也成就了全球范围内的合作，甚至与原来毫无关联的行业发生了联系，而跨界、跨行业的合作更需要分工。不但制造业有产业链和分工，服务业同样有产业链和分工。

分工意味着专业化及其背后反映出来的比较优势。经济学认为，贸易（或称交易）可以使社会上每个人都获益，因为它使人们可以专门从事他们具有比较优势的活动。

正因为如此，会议业也是始终存在着生产各种物品或各种服务的生产者。生产者（供应商）之间的贸易（交易）往往超越本地范围，而且发生贸易（交易）的时间可能长达一年甚至更长时间。一个国际会议来到中国，不但其境外组委会来到了中国，他们还带来了他们自己在国外的会议供应商，这个供应商可能会以派遣几个员工到现场来服务的形式出现，也可能坐在美国的办公室里把会议注册、收费、论文摘要等全都搞定了，同时借助本土服务商（国外的供应商和本土服务商各有各的比较优势），通过一系列的协调，让各个企业的服务相互衔接，最终做出了一个令参会者满意的会议产品。

由四大会计师事务所之一的安永（Ernst&Young）创立、举办的“安永企业家奖 · 中国”评奖及颁奖典礼，其英文用的是“founded and produced by Ernst&Young”。“produce”，中文是生产、制造之意，这个词十分准确地表达了会议产品同样也是一个生产过程。

会议的生产者就是主办机构。主办机构通过向供应商采购各种不同的物品和服务，生产出一个不具形状但能感觉到的会议产品，然后销售给消费者——机构和个人。消费者付钱给主办机构，主办机构获得收入和利润。一个生产和销售的过程由此完成。

供应商有：

a. 场地：会议中心、酒店、大学、特殊场地；

b. 设备提供商：灯光音响、LED 墙、同声传译设备、复印机、电脑、手持读卡器、网络设备等；

c. 网站建设、网上注册、网上收费的技术公司；

d. 旅行社（接送、旅游），若没有旅游，则直接向汽车公司租赁汽车；

e. 酒店（客房）；

f. 航空公司；

g. 搭建装修公司：搭建注册台、展览展示、秘书处办公室、舞台、背景板、壁报等；

h. 物流和报关公司：搭建装修物资和展品的运输；

i. 咨询公关广告公司：创意策划、政府公关、宣传推广、调查统计、认证、招募合作伙伴等；

j. 演出、表演、礼仪、娱乐公司；

k. 现场注册和收费的服务公司；

l. 安保公司；

m. 文件制作、印刷公司；

n. 翻译:文件翻译、现场交传翻译、现场同传翻译;

o. 文件包、胸卡、制服(T恤、衬衣、帽子)、礼品公司;

p. 摄影、摄像、速录公司;

q. 演讲人服务公司(演讲人也可能由公关公司或合作伙伴邀请);

r. 志愿者所在机构(如大学);

s. 鲜花绿植租摆公司;

t. 其他供应商:如为工作人员、志愿者、演出人员提供盒饭的快餐公司等。

承办机构:对于主办方而言,承办机构是供应商;但对于部分供应商如酒店、会议中心、灯光音响设备公司来讲,则是采购商,是这些供应商的客户。

主办机构(厂家)集成各项服务,计算各种成本并加上自己的利润后,就做成了一个有了价格标签的会议产品。

针对不同的机构或个人,这个会议产品可能有多个分类产品:

1. 针对参会者的产品;

2. 针对随行人员的产品;

3. 针对参展商的产品;

4. 针对广告商、赞助商的产品(含指定礼品、指定用车等);

5. 针对合作伙伴的产品(如媒体、境内外其他行业协会等,含置换)。

会议产品的无形,并不是说没有任何有形产品。相反,极个别的有形产品可能包含在会议产品中,如T恤、帽子、会议包或纸质版的论文集、某演讲嘉宾的书等。论文集、T恤有单独售卖的。

销售:会议产品可能是主办机构自己来售卖,也可能是通过代理商向外销售。销售代理有:总代理、地区代理、展览和广告的销售代理。

甚至还有商品销售中常见的折扣——一个公司如果有5个人报名参会,则可能获得一个折扣价。一个企业购买一个展位,主办方有时会赠送两个参会名额,对主办方来讲,这可算作折扣价,也可算作赠品。

主办方还可获得政府补贴奖励、酒店佣金、旅行社佣金等收入。

(资料来源:《中国贸易报》)

思考练习

一、填空题

1. 会议预算最重要的参考数据是________、________等。

2. 预算由________和________组成。

3. 支出又可以分为________和________。

4. 会议注册费包含________、________、________、________以及________等类型。

5. 会议可以通过________、________、________、________、________等形式,为广告赞助商提供会场推介机会。

二、选择题

1. 下列属于会议场地布置支出的是(　　)。

A. 广告费　　B. 搭建费　　C. 布场物料费　　D. 工程人工费

2. 会议支出中的交通费包含(　　)。

A. 会议活动交通服务　　B. 到达目的地交通费

C. 返程交通费　　D. 自助游交通费

3. 会议支出包括(　　)。

A. 交通费　　B. 会场租金

C. 酒店佣金　　D. 会议附带展览展位费

4. 会议最基本的收入来源是(　　)。

A. 酒店佣金　　B. 广告收入

C. 会议注册费　　D. 赞助收入

5. 属于会议收入的是(　　)。

A. 交通费　　B. 会议附带展览展位费

C. 餐饮费　　D. 印刷费

三、简答题

1. PCO 的业务主要有哪些?

2. 对会议场地进行现场考察有什么意义?

3. 租赁会议设备时应该注意哪些事项?

单元要点归纳

会议是在特定的时间和空间，通过发言、讨论、演示、商议、表决等多种形式以达到议事协调、交流信息、传播知识、推介联络等目的的一定人数的群体活动。会议是人类社会活动的一种形式，在人类发展的历程中，会议活动一直是人们在解决纷争、交流信息、统一思想、商讨对策等群体问题处理时采用的重要手段。随着社会、经济、科技、文化的发展，会议活动呈现多样化、专业化的发展趋势，无论是会议的数量、规模、形式、技术、效率、区域等都发生了显著的变化，而会议活动的内在本质并未改变，即特定人群在同一时间集中、对于特定主题和问题进行的信息交流活动。

会议按照主办单位的不同，可以划分为企业会议、社团会议、政府会议、事业单位会议四类；按照规模的不同，可以划分为小型会议、中型会议、大型会议、特大型会议等四类；按照举办周期的不同，可以划分为定期会议及不定期会议；按照参会代表的地区来源，可将会议分为国内会议与国际会议。对于会议进行分类的主要目的，是为了归纳、总结出某一标准之下，不同类别会议的特点，进而有针对性地制定会议活动的策划及实施方案。

会议的形式主要有报告会、论坛、研讨会、讲座、早餐会、主题午餐会、卫星会议、圆桌会议、视频会议、网络会议、用户大会、代表大会、高峰会。现代会议形式多样、各有特点，都是为了服务于特定的会议议题、适合不同的会议规模、实现特定的会议目标等。针对会议本身的需要，选择会议形式、并进行合理的组合，就是会议策划与组织的主要工作内容。

会议是一种项目化活动，包含 5 个方面的要素系统，即 5W。任何会议活动，都需要从原因（Why）、人员（Who）、会议活动（What）、地点（Where）、时间（When）5 个方面进行策划和实施：任何一个会议的举办原因，都可以归结为对经济效益和社会效益的直接追求或间接实现；会议的相关人员主要有参会代表、主题发言人、主持人、特邀代表、随行人员等；会议活动包括专业性会议活动、流程性会议活动、社交性会议活动、仪式性会议活动；会议时间的确定一般需要从季节性选择、时刻性要求、节奏性要求等方面予以考虑；会议地点主要包括城市的选择和具体会议场所、会议场地的明确。

现代会议活动的形式多样、涉及面广，需要与会议中心、会议宾馆、餐馆、旅行社、文化场所、交通公司、展览公司、政府部门等很多企业和政府机构打交道，还需要涉及多个行业领域的专业知识。

为了规范内部管理、提高会议的效率和专业化程度，会议的主办方越来越倾向于将会议活动的策划、组织、服务和管理工作，全面或部分外包（outsourcing）给专业的会议服务公司（PCO 或 DMC）来完成。

PCO 提供的服务通常包括会议策划、注册、会址选择和预订、物流、灯光音响、和 IT 方案、推广、邀请演讲人、招募赞助商、社交活动和预算控制等，有时也作为会议主办者的顾问为其提供会议咨询服务。因此，PCO 是利用专业优势，整合所有相关的会议供应商，为会议主办方提供综合性的服务，而非单项服务。

第二单元 会前筹备工作

单元概述

会议是计划性很强的活动，会议举办的成败取决于会前筹备工作的开展情况。会前筹备工作的内容主要包括会议议程的拟定、会议通知的发送、会议场地的选择和布置、会议资料和用品的准备、参会代表的分组、落实任务与分工等。

单元目标

● 能根据会议议题和会议活动内容、结合主办方的具体要求，拟定出时间进度紧凑、内容安排合理的会议议程；能运用相关软件，设计出符合主办方要求、体现会议特色、不同格式的会议议程表

● 能撰写不同类型的会议通知，会制定会议通知发送的方法；能通过会议通知回执的回收进行数据的统计；能根据回执的统计数据制订下一步工作计划

● 会设计表格汇总各种回执中的关键信息和参会代表的服务需求，并能根据不同的会议活动和服务项目对参会代表进行分组

● 能运用相关的理论知识，结合特定形式的会议项目，完成对于会议场地的考察，并能撰写会议场地考察报告

● 能为特定会议提出全面的会议现场布置方案，并实施相关工作；会布置中、小型会议室

● 能根据会议具体需要设计和编制文件及物品清单，并根据会议文件和物品清单与相关供应商进行询价和采购

学习任务1 拟定会议议程

任务概述

以小组为单位，选定一个会议项目，例如学生会竞选、校园辩论赛、毕业典礼、运动会等校园常见会议活动，进行简单的开题报告。在此后的任务学习中对项目进行推进。搜集3~5份不同类型会议的会议议程，对比、分析、讨论，谈一谈会议议程通常包含哪些内容、有何作用、采用什么格式。说一说会议应该如何规划时间、会议各环节内容的选择和顺序的先后需要参考哪些因素、会议议程包含哪些项目。在此基础上为选题项目拟定会议议程表。

任务目标

- 能根据会议议题和会议活动内容、结合主办方的具体要求，拟定出时间进度紧凑、内容安排合理的会议议程
- 能运用相关软件，设计出符合主办方要求、体现会议特色、不同格式的会议议程表

学习内容

一、会议议程的含义

1. 会议议程的定义

会议议程(program;agenda)，是“载有会议时间、地点、议题、演讲人、社交活动等会议安排的程序表”。

2. 会议议程的内容

会议议程是参会代表在会议期间参与的各项会议活动在时间、地点上的详细安排，因此，会议议程的内容需包含会议活动的形式、内容、议题、名称，每个活动环节的起止时间、举办的地点、关键人物等信息。

会议议程是会议的核心所在，也是参会代表前往会议现场的主要原因，因此，会议议程一经确定，原则上是不允许随意更改的。

3. 会议议程的作用

会议议程是会议所涉及的所有会议活动的安排，是为了顺利、有效完成会议各项议题而作出的计划，是关于会议活动的最凝练的信息形式。

对于会议的主办方和承办方来说，会议议程是准确而有效的信息发布形式；对于会议的供应商(如酒店、会议中心等场地提供者)来说，会议议程是现场服务和管理的依据；对

于参会代表来说，会议议程是会前和会议期间安排个人时间的参考。

以2014中国互联网大会为例，由于会议的规模大、会议议题数量多，在编制会议议程时，需要合理规划时间。表2－1是本次大会的总议程。

表2－1　**2014中国互联网大会总议程**

2014中国互联网大会总议程表				
时间	论坛名称	主题	会场	规模
第一部分　开幕论坛				
8月26日·上午	创新 引擎 融合——2014中国互联网大会开幕论坛		二层一号会议厅	2 000
第二部分　特色分会				
8月26日·下午	2014思想者——国际互联网高峰论坛	互联网的国际竞争	二层一号会议厅	1 500
	第二届互联网金融·中国峰会暨2014中国网贷大会	以小见大　服务未来	二层二号会议室BC	800
	互联网技术大讲堂	新概念·新技术·新应用	二层201会议室	400
	腾讯开发者论坛(北京站)	创业·伙伴	二层305会议室	400
	互联社群:企业进化论——正和岛·正和塾闭门主题沟通会		二层二号会议室A	200
8月26日·晚上	2014中国互联网大会商务社交晚宴			
8月27日·上午	2014中国互联网高层年会(上)	从网络大国到网络强国	二层一号会议厅	1 500
	2014中国大数据应用论坛	信息消费下的大数据应用	二层二号会议室BC	800
	2014中国网络安全论坛	共筑网络安全空间助力网络强国建设	二层201会议室	400
	2014中国互联网智能交通应用论坛	智能交通 智慧生活	三层305会议室	400
	2014互联网大会暨首届中国智能电视发展峰会(上)	改变视界，看见更精彩的未来	二层二号会议室A	400

（续表）

时间	论坛名称	主题	会场	规模
8月27日·下午	2014中国互联网高层年会（下）	聚焦产业新模式 共探产业新趋势	二层一号会议厅	1 500
	2014中国电子商务年会暨O2O高峰论坛	跨界·融合·共赢——建立电商新生态	二层二号会议室BC	800
	中国网民权益保护论坛	高举网民权益保护大旗	二层201会议室	400
	2014中国可穿戴设备暨智能硬件发展论坛	智能硬件——从产品创意到美好体验	三层305会议室	400
	2014互联网大会暨首届中国智能电视发展峰会（下）	改变视界，看见更精彩的未来	二层二号会议室A	400
8月27日·晚上	Apper之夜——中国App业者共生互助之邀			
8月28日·上午	2014中国移动互联网年会（上）	构建移动互联网的新生态	二层一号会议厅	1 500
	2014中国云计算发展论坛	云计算引发的商业变革	二层二号会议室BC	800
	中国创新企业扶持发展论坛	聚焦政策优势 培育创业沃土	二层201会议室	400
	梦想者——互联网创新与创业论坛	角逐移动互联 成就创业梦想	三层305会议室	400
8月28日·下午	2014中国移动互联网年会（下）	移动互联时代下的创新生活	二层一号会议厅	1 500
第三部分 闭幕论坛				
8月28日·下午	趋势 未来 展望——2014中国互联网大会闭幕论坛		二层一号会议厅	2 000

二、拟定会议议程的原则

1. 与会议主办方充分沟通

会议是主办方为了实现某一特定目标而举办的，作为承办方的会议公司，在拟定会议议程前，必须与主办方进行充分的、反复的沟通。尤其是专业性较强的行业会议，例如学术会议、技术性会议等，从会议议题的名称、演讲人的选择、时间的安排等，都需要由主办方基于专业、行业以及会议惯例等因素而定。

以学术会议为例，主题演讲人、议题选择、议题时间等通常涉及专业知识、术语，一般都是由会议的主办方事先确定好的，会议公司在涉及专业问题时一定要与主办方多沟通、反复确认，以免出错。

2. 议题分清主次、顺序安排合理

当会议议题较多时，要注意分清主次轻重。通常，重要的、急需解决的问题安排在前，一般性问题安排在后。这不仅是出于对议题主次的客观评价，也符合参会代表的生理特点。因为通常在会议前期，参会代表精力比较充沛，议事效率较高，把重要的、急需解决的问题放在前面，便于集中精力研究解决。此外，也可以按照先易后难的顺序安排各项议题，以提高议事效率。

另外，在具体安排上，将同类性质的议题集中排列，起到强化、深化的作用，以便讨论透彻。在时间上，把保密性强、涉及人员范围小的议题排在后面，以便参会人员的时间规划。

3. 议题数量适中，合理分配时间

会议议题的数量应当基于会期的长度而定，既不能安排过多，也不能太少。议题过多，受到参会代表精力和时间所限，使会议收不到应有的效果；议程太少，会议过于松散，浪费时间。此外，还应考虑到会议的性质、内容、方法、目的和要求的不同。议程应逐项、逐段周密细致地安排，确保不错、不漏、不互相冲突。

4. 适当穿插社交活动，劳逸交替

社交活动是现代会议中的常见活动形式，与会议的议题相比，社交活动是议程中的次要部分、辅助内容，但是，在缓解参会人员疲劳、提高会议沟通效果、扩大会议的社会影响力等方面具有重要的作用。因此，在参会代表来自于不同国家、不同地区、不同组织的会议中，社交活动往往是必选内容。

5. 简练并涵盖关键信息，格式恰当一目了然

会议议程应当用最简练的方式并涵盖会议的关键信息，如时间、地点、议题、会议形式、主题发言人等，以便参会代表在现场进行自助服务和时间管理。此外，议程的格式应尽可能适合参会代表的习惯和特点，在查阅会议议程时尽可能一目了然。

三、拟定会议议程的程序

1. 明确会议的主题、预期目标和参会代表，确定会议的起止时间。

2. 确定会议议题的名称及时长，确定会议形式，列出清单。

3. 排列各议题的先后顺序，合理分配到会期中的重点时段。

4. 根据需要，在议题时间之外安排注册、茶歇、用餐、宴会等活动。

5. 在可行的情况下，穿插安排适量的休闲娱乐活动、赞助商活动等。

6. 以时间顺序排列出会议期间所有由参会代表参加的会议议题和会议活动，形成会议议程。

动手做

各小组为选题项目拟定会议议程。

四、会议议程的格式

1. 条目式

条目式的会议议程就是将各项会议活动按照时间顺序一一罗列出来。一般适用于议题较少、时间较短、时间控制不严格、规模较小、参会代表为同一组织内部的会议。

会议议程范例：

××会议议程

会议名称：××××

主办单位：××××

时　　间：××××

地　　点：××××

会议流程：××××

13:30～14:00　来宾签到

14:00～14:10　主持人致欢迎辞

14:10～14:40　演讲议题一

14:40～15:10　演讲议题二

15:10～15:40　演讲议题三

15:40～15:50　茶歇

15:50～16:00　客户代表发言

16:00～16:20　互动问答

16:20～16:40　签约仪式

17:00～20:00　答谢晚宴

2. 表格式

如果会议的议题较多、时间较长、会议形式多样、会议规模较大、参会代表来源于不同地区和组织机构，通常在会议的举办过程中需要涉及多个不同时间段，有主会场和分会场，甚至需要使用不同语言，需要明确的信息类型就比较多，表格式的会议议程就比较方便。表2－2为2014中国互联网大会开幕当天上午的详细议程。

表2－2　2014中国互联网大会开幕论坛

时间：2014年8月26日上午09:00～11:55			
地点：北京国际会议中心 二层一号会议厅			
时间	主题	演讲人	机构
09:00～09:05	主持人：中国互联网协会秘书长　卢卫		
第一部分	开　幕		
09:05～09:10	欢迎辞	邬贺铨	中国互联网协会理事长
09:10～09:20	讲　话	苗　圩	工业和信息化部部长
09:20～09:40	主旨报告	尚　冰	工业和信息化部副部长
09:40～10:00	主旨报告	任贤良	国家互联网信息办公室专职副主任

（续表）

第二部分	全体大会		
10:00 ~ 10:15	主题演讲	邬贺铨	中国互联网协会理事长
10:15 ~ 10:30	联网驱动的新型工业革命	曹淑敏	工业和信息化部电信研究院院长、中国互联网协会副理事长
巅峰论道			
10:30 ~ 11:10	开放式对话：4G 时代的变革与机遇	主持人： 武锁宁　人民邮电报社总编辑 嘉宾： 李安民　中国电信集团公司创新事业部总经理 李红五　中国联通集团公司产品创新部总经理 徐刚　中国移动通信集团公司市场部副总经理	
11:10 ~ 11:30	主题发言	雷　军	小米科技创始人、董事长兼 CEO
11:30 ~ 11:45	主题发言	邵　平	中国平安银行行长
11:45 ~ 12:00	主题发言	李晓东	CNNIC 执行主任
活动结束 自由交流			

拓展提高

在国际会议中，会议议程都需要使用多种语言。各小组可以选择一些简单的会议议程，翻译成英语或其他语言，学习会议术语的英语（或其他外语）表达方式。

在拟定会议议程时，Excel 是最常用的工具之一，多练习，多操作，表格工具在会议业大有用武之地。

思考练习

简答题

1. 会议议程包含哪些内容？
3. 会议议程有何作用？
3. 编制会议议程应遵循哪些原则？
4. 编制会议议程的程序是什么？

学习任务2 编制与发送会议通知

任务概述

回顾曾经参加或组织过的会议活动(如班会、社团会议、学生会会议等),谈一谈会议通知常采用什么形式、在会议通知中需要明确哪些关键信息、会议通知在发送过程中需要注意哪些细节问题?以小组为例,搜集3~5份不同类型的会议通知,谈一谈现代会议活动的会议通知中包含哪些内容、有何作用、采用什么形式、如何发送。为小组选题编制并发送会议通知。

任务目标

- 能撰写不同类型的会议通知
- 会制定会议通知发送的方法
- 能通过会议通知回执的回收进行数据的统计
- 能根据回执的统计数据制订下一步工作计划

学习内容

一、会议通知的含义

1. 会议通知的定义

会议通知(announcement),是“将会议的各种相关信息以广告页、宣传册、通讯报道、电子邮件或网页等形式公开发布,以吸引潜在会议参加者参加会议的一种会议宣传形式”。

在学术会议中,通常还会包含一份征文通知(call for papers,CFP),即学术会议召开前,主办单位要求参会者提交论文或论文摘要而公开发布的,载有论文撰写要求、截止日期等信息的文件。

2. 会议通知的方式

会议通知可以采用口头传达、电话通知、电子邮件、书面材料等方式,其中,以书面材料形式的会议通知最为普遍采用。

3. 会议通知的作用

会议通知是主办方向潜在的参会对象发布会议信息的方式,是会前沟通的主要形式,能够帮助潜在参会代表了解会议的内容以及参加会议的流程等。会议通知相关工作的开展成效,直接影响到会前筹备工作的组织、会议期间参会代表的数量、会议现场的组织管理等。会议的规模越大、辐射的区域越广、涉及的国家越多,会议通知的作用越显著。

二、会议通知的内容

1. 会议的基本信息

便于潜在参会代表了解会议的背景信息，如会议的名称、主题、时间、地点、主办方、承办方、协办方、会议议程、演讲嘉宾、会议活动、会议形式、相关批文等。

会议基本信息可以向潜在参会代表传递会议本身的价值、权威。

2. 流程性信息

告知参会代表如何参加会议的信息，如参会资格和条件、参会回执、需提交材料、注册方式、缴费方式、取消注册与退款方式、各项参会程序的时间节点等。

流程性信息可以指导参会代表及时、有效地安排参会工作。

特别提示

会议通知是发送会议信息的文件，而会议回执则是会前获取信息反馈的方式之一。回执表中项目通常是会议所涉及的内容和提供的服务，通过回执表收集、汇总相关的信息，是后续工作的参考（表 2－3）。

表 2－3 参会回执表范例

单位名称					联系人	
通讯地址					邮　编	
联系电话		传真			手　机	
网　址		E－mail			QQ 号码	
参会人员名单						
姓名	性别	职务		会期联系电话	预到达时间	备注
是否在会期演讲或交流发言		是　否	题目			
是否提交论文		是　否	题目			
是否企业宣传		是　否	项目	展位　发言　会刊　其他		

3. 相关配套服务信息

帮助参会代表合理规划交通以及会议期间业余活动的信息，如会议地点的交通到达方式、住宿设施推荐、餐饮服务、订票服务、旅游服务信息等。

4. 咨询联络的方式

便于参会代表在会前与会议主办方或组委会进行咨询和联络的信息，如办公地址、办公电话、邮箱、联系人、官方网站等。

5. 其他信息

现代会议活动中除了议题外，还会根据具体情况设置一些奖项评选、广告赞助、附设展览等活动。这些在会议通知中也会有所体现。

三、书面会议通知的结构

书面会议通知可以根据具体需要采用多种形式，在结构上通常包括标题、称谓、正文、落款、附件等内容。

1. 标题

一般采用“会议名称全程＋会议通知”的形式。如果有多轮通知，则需注明。

2. 通知对象

会议的通知对象，即会议的潜在参会代表，既可以是组织，也可以是个人。通常在参会代表范围明确、参会代表为指定的情况下，该项需要注明，反之则可以省略。

3. 正文

正文是会议通知的主要内容，包括与会议相关的详细内容，如会议名称、会议时间、会议地点、会议组织机构、会议主要内容、会议议程、论文征集、附设展览、广告赞助方案、参会流程、收款信息等。具体内容的选择视具体情况而定。

4. 落款

落款一般包含会议通知的发送者和发送时间。

5. 附件

如果受到篇幅限制，可能会将一些表格、图片信息，通过附件的形式发送。如参会回执、征文格式、展览场地平面图、展览收费信息、广告赞助信息、交通方式、住宿预订等。

会议通知是会议发送信息、对外宣传的一种形式，在结构和内容上可以自由灵活掌握，有所选择和调整，结合会议特点采用适合的方式。

四、会议通知发送的技巧

1. 选择恰当的发送时间

会议通知应根据会议的具体情况，选择恰当的时间，在会前提前发送。一方面便于参会代表事先安排工作以提高参会的效果；另一方面便于会议的主办方和组委会制订会议筹备工作计划。会议通知发送得过早，接收者容易淡忘；通知发送得过晚，则过于仓促。

对于筹备期较长的会议，会议通知应当选择不同的时间分多次发送，尤其是国际性会议，通常包括第一轮通知、第二轮通知、第三轮通知。在多轮会议通知中，信息一次比一次详细、明确：第一轮往往起到提醒、告知的作用；第二轮起到准备、信息变更的作用；第三轮通知则会将所有信息最终明确下来。

2. 锁定有效的发送对象

会议通知最有效的发送对象，一方面是潜在的参会代表，另一方面是有权派出参会代表的决策者。在通知发送前，应尽可能锁定最有效的发送对象，以节省人力物力、提高工作效率。历届会议及同类会议的参会名录，都是获取发送对象的捷径，应重点对待。

3. 采用多种信息发送方式

为保证会议信息的传播范围，应根据潜在参会代表的信息获取习惯，采用多种通知发送方式。对身份明确的发送对象，电子邮件、信函、电话、短信等方式可以保证点对点的信息发送，而通过在相关专业网站、专业杂志发送广告，可以扩大信息的覆盖范围、吸引更多关注、增加参会人数。

4. 会议通知中附回执

会议通知是为了发布会议的信息，进而获得参会的反馈。因此，在会议通知中应附上参会的回执，以便后续的参会代表数量统计及筹备工作等。会议回执中一般需要包含参会代表的基本信息，如姓名、性别、工作单位、职务或职称、联络方式等；参与会议活动的具体要求，如可选择性会议活动的报名、提交论文题目或材料称号；此外，还可能包括一些配套服务的需求，如接站服务、预订房间、订票服务、旅游预订等。具体的回执内容还应根据会议本身的特点具体而定。

动手做

信息化技术的发展、信息工具的普及，为会议通知的发送带来了更多的方法、途径，降低了会议通知的成本，也取得了更好的效果。以小组为单位，选择某一会议为例，制订多种形式的会议通知方案。

拓展提高

让会刊成为历史——一场真正无纸化的 IT 盛会

近日，以"闪存加速数据经济变革——颠覆方式和速度"为主题的 2015 中国闪存峰会在北京盛大开幕，现场超过 500 位各行业用户代表，数十位顶级学者、产业精英和技术专家出席。与以往 IT 会议大量的纸质印刷材料不同，本次峰会首次抛弃了所有会议资料，以数字化手段提供全程会议服务，从会议邀请开始，到现场注册签到、会议资料分享、投票与调查问卷等全部通过一个数字化会议平台提供服务。

正如峰会主题所诠释的"颠覆方式和速度"，数字化会议也正在颠覆传统的会议活动方式和营销速度。以前，会刊是必不可少的纸质印刷品，它主要提供会议议程、演讲人信息、会场地图等会议信息。但会议信息的变化却是无时无刻不在发生，许多重要演讲嘉宾或议题甚至临会一天仍在调整，而会刊都需要提前制作和印刷，这给会议主办方带来了巨大苦恼。

微信的流行，让我们见识到了移动互联网的威力，借助移动互联网技术和微信平台，现在，几乎所有的会议主办方都可以随时随地提供数字化会议服务，消除会刊内容准备、排版和印刷带来的种种困扰。

也许你会疑问："我怎么不知道微信有这项数字化会议服务和功能？"其背后玄机，则是易会云。基于 HTML5 技术和微信开放平台，易会云可以跟微信完美结合。以 2015 中国闪存峰会为例，主办方通过易会云提供的 H5 轻应用及微信服务，实现了涉及会前、会中和会后的全程数字化会议服务。

首先，参会者最关注的大会议程，在微信轻应用中一目了然，对于大型会议议程众多的情况，易会云还允许用户收藏感兴趣的议题，以便随时查询和浏览。演讲嘉宾信息更不在话中，通过易会云，用户不仅可以看到详细的嘉宾介绍，甚至可向嘉宾直接提问，实现掌上互动和社交。

其次，通过调查问卷收集用户反馈想必是每一位主办方必须考虑的问题，收集不来问卷，愁！收集太多的问卷，也愁！因为整理上千份问卷数据，不仅耗时耗力，而且容易出错，主办方无法及时准确地获得参会者反馈。通过易会云提供的电子问卷，用户在微信中即可快速参加投票和问卷，结果更可以实时计算并反馈给主办方。

除了大会议程和调查问卷，易会云还具有演讲人管理、会场管理、会场地图、会议指南、媒体报道等20多项常用的数字化会议服务，这些功能全部实现了后台配置，前端呈现，达成所见即所得。

现在，我们终于可以说“让会刊成为历史”。

易会云还允许让主办方在自助式输出HTML5微信邀请函和适配手机的响应式官网，有效地利用微信公众号及朋友圈进行传播和分享，充分保障了会前传播和参会者注册报名。所有注册报名数据进入易会云统一用户管理平台，主办方可以随时浏览注册报名情况，并及时审核参会者资格，对于被审核通过的参会者，还可以同步选择易会云的短信和邮件提醒功能自动推送通知消息，会前几天，还可以统一向所有确认资格的参会者推送签到二维码签到信息。

如果你办过会，想必签到环节是你在会中阶段最痛苦的事情。通过易会云签到系统（易签到），主办方将以1秒完成一位签到者的速度快速进行嘉宾签到工作，有效避免了用户拥堵。

易会云+微信服务，将传统会议活动“数字化”提高到了一个崭新的阶段，借用李克强总理“互联网+”的说法，所有传统产业都应该积拥抱互联网，会议活动产业也不例外。

以会议活动的数字化、移动化、社交化、全平台服务为目标，易会云从2012年底正式上线并对外服务，两年多时间先后服务了3万多家企业超过10万场的会议活动，其中包括：中国银监会、中国科学院、深圳市人民政府、联合国教科文组织、招商局、海南航空、Google、GE、华为、联想、IBM和戴尔等知名企业（机构）。目前，易会云已经发展成为国内最大的会议云SaaS服务提供商，其服务的重要会议活动更是数不胜数，例如：中法50周年深圳蛇口创意论坛、中国银监会高层年会、华为云计算大会、IBM论坛、联想科技创新大会等。

（资料来源：比特网）

思考练习

一、填空题

1. 会议通知可以采用________、________、________、________等方式，其中________的会议通知最为普遍采用。

2. 会议通知的内容通常包含________、________、________、________以及________等。

3. 书面会议通知在结构上通常包括________、________、________、________、________等内容。

4. 会议通知最有效的发送对象，一方面是________________，另一方面是________________________。

5. 对于筹备期较长的会议，会议通知通常包括________、________、________。

二、简答题

1. 会议通知有何作用？

2. 发送会议通知有哪些技巧？

3. 会议通知中回执表通常包含哪些内容？

三、实训题

运用手机 APP 制作一份会议通知。

学习任务3 确定会议相关人员信息及分组

任务概述

以小组为单位，搜集几份大型会议的回执表、报名表，谈一谈，表格中搜集的各项信息对后续工作有何作用。如果收到上千份表格，应该如何处理这些表格信息。设计一个 Excel 表格，将所有回执中的信息进行汇总。注意有效利用表格函数。本任务的学习建议在机房进行。各小组根据选题，谈一谈活动中都涉及哪些不同类型的人员，确定人员构成，并设计分组表。

任务目标

- 会设计表格汇总各种回执中的信息和参会代表的服务需求
- 能根据不同的会议活动和服务项目对会议相关人员进行分组

学习内容

在大型会议、特大型会议的筹备阶段，对会议相关人员的信息统计工作尤为重要，直接影响到对各项工作和服务的落实。

一、汇总回执信息形成数据总表

在会议通知发送后，组委会陆续会收到参会回执。对于回执信息进行汇总和分析，可以为各种会前工作的提供数据参考，在中型以上规模会议的组织服务中尤为重要。

在会议的各种回执表、报名表中——如参会回执、参展回执、主题演讲报名表、卫星会议报名表、广告赞助报名表等，由参与者填写的内容和选项，是设计数据表格的数据来源。统计并汇总这些信息，形成会议人员信息的数据库。

经验之谈

一般来说，回执表中涉及的项目越多，可能意味着会议现场服务越细化。例如，回执表中对于到达时间和交通方式的统计，通常是为了接机接站服务的实施；回执表中如有对饮食禁忌的统计，则会议期间的用餐服务会更加细微周到。

1. 设计数据表

建立一个会议人员信息库框架，具体信息项目的设置可根据会议本身的实际情况而定。根据需要为信息项进行函数设置，以便系统可以自动生成相关信息。函数设置会使后续的相关工作产生事半功倍的效果。

2. 录入相关信息

将各种回执表中的信息录入表格。大型会议涉及的人员数量和信息项目繁多，逐行的键入信息，可能会出现串行或输错信息的工作失误。利用 Excel 的“记录单”“冻结窗口”等功能可以解决这个问题。

3. 利用相关功能进行数据统计

Excel 中有各种数据统计功能，如查找、筛选、排序等功能，可以快速查找筛选具有某一特征的人员数据，进而得到会议相关人员的数量和构成情况，为此后的预订和采购提供准确数据。

知识补丁

Excel 函数共有 11 类，即数据库函数、日期与时间函数、工程函数、财务函数、信息函数、逻辑函数、查询和引用函数、数学和三角函数、统计函数、文本函数以及用户自定义函数。其中，以下几种函数普遍应用于会前人员信息统计和分组：

1. 数据库函数

当需要分析数据清单中的数值是否符合特定条件时，可以使用数据库工作表函数。

2. 日期与时间函数

通过日期与时间函数，可以在公式中分析和处理日期值和时间值。

3. 逻辑函数

使用逻辑函数可以进行真假值判断，或者进行复合检验。

4. 查询和引用函数

当需要在数据清单或表格中查找特定数值，或者需要查找某一单元格的引用时，可以使用查询和引用工作表函数。

5. 统计函数

统计工作表函数用于对数据区域进行统计分析。

二、对会议相关人员进行分组

对会议相关人员进行分组，可以明确每一个阶段、每一项会议服务的服务对象及数量。在大型会议中，常用分组方式如下：

1. 按照会议议题分组

按照议题进行分组，是预订会议室的主要参考数据。

大型会议在开幕后，通常会根据不同的议题，安排规模不一的多个分会场，进而预订会议室的间数以及每一间会议室的面积、布局、设备配置等。

2. 按照到会时间分组

根据会议相关人员到会时间的统计，可以准确了解在会前人流量的时间分布，以便安排注册、会议资料发放等工作。

3. 按照语言分组

按照语言分组，在多种语言的国际会议中尤为必要。例如在会前，指导预订同声传译服务，指导在会议期间发放同声传译设备等工作。

4. 按照服务需求分组

在会议期间，在会议服务之外，还需要提供各种配套服务和生活服务，例如住宿、餐饮、交通、休闲娱乐等。例如，根据住宿酒店进行分组、根据饮食禁忌进行分组、根据休闲娱乐项目的选择进行分组等。

5. 其他

此外，还可以按照宗教信仰、职务级别等进行分组。分组标准的选择应视具体的工作内容和要求而定。

三、分组的作用和应用

1. 掌握人员数量及构成，为各项预订和采购工作提供依据。

2. 在会议服务工作的不同阶段、不同环节，筛选和集中同类需求，明确服务对象。

3. 根据相关会议人员的分组，安排会议期间的工作任务、岗位设置及工作人员分配。

综上所述，在大型会议的筹备过程中，通过对参会回执的信息统计，可以帮助组委会尽早确认参会代表的人数、结构情况、服务需求等；此外，还有为数不少的随行人员、演讲人、嘉宾、广告商、赞助商、参展商、媒体人员等参与到会议中。确认和分析会议相关人员的信息，是进行场地、客房、餐饮、车辆、物资等预订、采购以及人员、设备配备等筹备工作的前提。运用表格工具、按照不同的项目和指标，对会议相关人员进行统计和分组会大大提高工作的效率。

拓展提高

在大型会议中，人员分组工作需要借助工具软件或信息系统来完成，Excel 表格是最常用的。简易结合课程内容的学习，安排上机课时，学习使用 Excel 中各种函数的应用。在此后的任务学习中，表格会成为重要的工具和方法。

人员分组会为后续工作带来许多方便，而“分组”理念的建立，是实现会议中个性化服务、细微化服务的基础。

思考练习

简答题

1. 会议组委会常采用哪些方式对会议人员进行分组？

2. 对会议相关人员按照不同方式进行分组有何作用？

3. Excel 表格程序中，哪几种函数常用于会前人员信息统计和分组？

学习任务4 选择会议场地

任务概述

以小组为单位，评价所在城市是否具备承办大型国际会议的条件；选择本地两个不同类型、能够承办会议活动的会议场所（如酒店、会议中心、会展中心、高校）进行信息搜索和实地考察，记录相关的会议场地数据，如会议室数量、面积、设备配置、场地条件等，以及与会议活动相关的辅助场地环境条件，如区位条件、停车场、餐饮条件、住宿条件等。设计表格进行对比分析，形成考察报告，在课堂进行阐述。为小组选题项目选择适合的会议场地。

任务目标

- 能运用相关的理论知识，结合特定形式的会议项目，完成对于会议场地的考察
- 能撰写会议场地考察报告

学习内容

一、选择会议举办地

在国际会议的举办过程中，会议举办地的选择，首先是指国家、城市的选择。许多大型国际会议每一届都会选择在不同的国家、不同的城市举办。而在选择会议举办地的过程中，一般会通过竞标的方式或进行会议城市评估来做出决定。

大型国际会议选择会议举办地时应从经济、文化、政治等多方面综合考虑。

案例分析

评估会议城市的五大权重

1. 品牌知名度（权重15%）

由专家委员会根据各参选城市（景区）在会议行业的影响力、宣传推广度及会议主办方会议目的地城市首选度进行综合评分。

（1）专家评分（权重为4%）；

（2）宣传推广度（权重为5%）；

（3）会议主办方会议目的地城市首选度（权重为6%）：依据信息采集表。

2. 办会设施（权重30%）

（1）会议场地（权重15%）：最大会议室面积1 000平方米以上的会议场所个数；

（2）会议住宿（权重10%）：客房数量400间以上单体酒店个数；

（3）核心场地（权重5%）：同一会议场地拥有最大会议室面积1 000平方米以上且客房数量400间以上的个数。

3. 办会环境（权重30%）：主要依据信息采集表

（1）交通（权重10%）：依据交通网路的发达程度；

（2）政府支持力度（权重5%）：依据当地政府对外来会议的支持力度；

（3）会议服务（权重5%）：依据当地已注册的会议服务企业；

（4）景区环境（权重6%）：依据当地4A级以上景区的数量；

（5）星级酒店（权重4%）：依据当地三星级以上酒店的数量。

4. 会议业绩（权重15%）（均不含）

（1）千人以上会议（权重9%）；

（2）会议场次（权重6%）。

5. 发展规划（权重10%）

依据当地政府是否出台会议业发展规划。

（资料来源：《中国会展杂志》）

思考：

1. 按照上述权重来评估一下你所在的城市，是否能够承办大型的国际会议？

2. 你认为上述指标是否还有需要补充的？

1. 城市的可进入性

城市的可进入性状况是会议活动尤其是中大型国际会议首先要考虑的问题之一。国际会议的参会代表来自于不同的国家和地区，因此，是否拥有直达航线或与一线城市便利的城际交通条件，直接影响参会的时间成本和经济成本。

2. 会场条件与酒店配套条件

会场条件是保证会议举办的最重要因素，尤其是大规模的会议活动，需要专业的会议场地、会议设施设备、会议配套服务等条件为基础；酒店配套条件则是指会议场馆（如会议中心或会议酒店）自身酒店客房的配套情况，或周边的酒店配套情况，一般而言，酒店客房距离会场越近越好。

3. 成本因素

不同国家、不同地区的经济发展水平不同，会议相关服务的价格也不同。例如会场的租金、设备租赁费、配套服务价格等，都会有所差异。会议的各项成本，会影响会议注册费的核算结果。此外，会议主办方在选择举办城市时，不仅要考虑到各种成本因素对会议注册费的影响，还应考虑到参会代表在到达会议目的地时的时间成本和经济成本，因此在选择举办地时，也需要考虑大多数参会代表到达目的地的成本。

4. 生态环境和气候条件

良好的生态环境和气候条件对于会议的举办，尤其是高端国际会议至关重要，也会对参会代表产生的吸引力。

5. 城市品牌形象和政府的配合支持力度

城市品牌形象的塑造是一个长期的过程。国际会议协会（ICCA）发布的“举办国际会议最多的城市”排行榜中，维也纳、巴黎、伦敦、新加坡等城市每年都位居前列，这与其拥有良好的城市形象密切相关。而且，会议对城市形象的传播与树立也有积极作用。

会议组织机构是否把会议放在某个地方举行，与地方政府的配合和支持也有一定的关系。如果地方政府对于会议业有相应的政策倾斜或资金投入，最终会通过降低会议成本、提高可进入性、提高服务水平等方式体现。

6. 其他因素

评估举办地的因素是多样化的，不同性质、不同类型的会议对于评估要素的选择和权重的分配不尽相同。例如政治性会议对目的地的政治文化环境会比较关注，技术性会议对目的地在本行业领域的产业基础会比较关注。对参会代表而言，会议举办地周边是否有丰富的旅游资源也是重要的因素。

大型国际会议或高端会议的举办对一个城市的要求是综合性的，而其带来的积极影响也是全方位的。

案例分析

新加坡蝉联“最佳国际会议国家及城市”

7 月 24 日，在国际协会联合会（UIA）公布的 2012 年全球排名中，新加坡继续保持世界领先的会议举办国家和城市的地位。新加坡连续两年获得“最佳国际会议国家”，连续 6 年获得“最佳国际会议城市”的称号，再次巩固了其作为国际会议场地上佳选择的价值定位。

新加坡拥有高度的国际吸引力、优越的地理位置和通往亚洲市场的重要渠道，推动了组织者在新加坡举办活动。2012 年，共有 952 场会议在新加坡举办，几乎占据国际协会联合会全部会议的 10%——达到规定的标准要求；这包括由国际组织机构或具有显著国际地位的主办方组织赞助的会议。

2012 年举办的 18 场世界大会，好些是首次亮相亚洲，如 2012 第四届国际动物园管理员会议、2012 生物能源与生物质利用的下一代技术国际会议、2012 第 33 届科技大学图书馆协会国际联合会年度会议、2012 世界妇产科学与不育症世界大会。

在新加坡所获的众多奖项中，包括连续 11 年蝉联国际大会及会议协会（ICCA）的“亚洲最佳会展城市”，UIA 的排名是最新荣誉。2012 年新加坡创纪录地举办了 150 场 ICCA 会议（ICCA 协会会议的标准是参与人数至少 50 人，定期并至少在 3 个国家间轮流举办),成为全世界前10名会议城市中的唯一一个亚洲城市,其他城市包括维也纳、巴黎、柏林、马德里、巴塞罗那和伦敦。

（资料来源:新华网）

思考:

1. 谈一谈你对资料中提到的城市有哪些了解?这些城市都有哪些共同点?

2. 国际会议城市需要具备哪些方面的条件?

二、选择会议场地

场地是会议最重要的基础硬件,选择与会议相匹配的场地,既可以提高办会效果,也可以节省办会成本。会议场地的选择应当从会议的目的出发,结合会议的各项指标和需求,进行反复的评估、选择、谈判和考察等工作。

1. 列出会议场所基本需求清单

根据会议举办的时间、预期的到场人数、参会代表的级别及身份、会议形式、会议活动流程、食宿配套服务等因素出发,制作一个会议场所基本需求清单表(表2-4),注明会议要求的所有重要条件。如果清单设计得合理,将大大便于各个场所的比较和选择。

表2-4　　某次会议会务需求信息表

场地布置	台型布置:□剧场形　□U字形　□双U字形　□分组鱼骨形　□课桌形　□圆形　□回形　□绒布台面(白色、绿色、红色、蓝色)　□椅子颜色(白色、绿色、红色、蓝色) □桌花(________个)　□讲台花　□桌签(需提供详细名单;如分场次勿忘增减桌签) 会场宣传:□背板制作　□悬挂条幅　□欢迎牌　□指路牌 签到台地点:____________水台位置:____________　其他:____________ 灯光、光线情况:□好　□较暗　□窗户(窗帘、纱帘)　□是否受朝向影响(西晒) □会场周边安静　□会场周边保密　□是否有其他公司同期开会　□温度(和人数相关) 贵宾休息室:□有　□无　□需要　□不需要　□放置茶歇(是　否)
会议设备	□顶端固定Baco　□移动Baco　□移动投影幕　□固定式悬挂投影幕　□录音设备　□DVD　□录像设备(录像带)　□音响设备(音响师)　□激光笔　□网口网线　□电话设备　□相机(合影、电池、座位安排)　□插线板(几个电源插口)　□打印机(驱动、数据线、纸)　□备用笔记本、投影　□视频播放设备连接(AV、进场音乐)　□手持麦克________支　□耳麦________支　□随身领夹麦克________支(手机要远离麦克)　□电源是否有电　□设备测试情况__________

（续表）

会务用品	□会议资料袋（通知、发言稿、公司简介、会务手册、礼品等） □签到表（请假事由、backup）、桌签、胸卡、人员联系方式、领导职务清单 □笔纸（带 LOGO 的信纸） □白板（红蓝黑三色白板笔、板擦、磁钉、夹子、大白纸） □会务手册（参加人员、分工、议程、会务安排等） □备用桌子、椅子 □衣架 □联想之歌（联想旗帜） □上场音乐 □颁奖用品（奖杯/奖状、鲜花、礼仪/服装、托盘、颁奖音乐） □药箱 □对讲机 □食品 □摄像设备用品（录像带、专用电池、电源线等） □翻页笔
	□其他用品： 告示贴、剪刀、钉书器（钉）、润喉糖、曲别针、绳子、胶带（宽、窄）、蜡烛、扩音器、手电、扩音喇叭、游戏道具（奖品）、签字笔、圆珠笔、铅笔、橡皮、转笔刀、胶水、涂改液、裁纸刀、直尺、大头针、支票夹、各式文件夹、复写纸、双面胶、大小信封等
住宿	环境要素： □交通（往返时间、交通路线图） □宾馆接待量（可多家同时使用） □中式风格 □西式风格 □娱乐设施 □停车场 □卫生/安全 □周边商场 □周边餐厅 □复印社 □商务中心 □照片彩扩 □环境幽雅 □旅游景区 □适宜散步 □医院 □宜轻松交流 □服务态度与水平 □每个房间提前通风 □房间设施检查 □防蚊虫用品 □房间朝向（阳、阴、海景、山景） 硬件要素： □星级（ 三星、四星、五星、超五星） □单间 □标间 □三人间 □套间 □叫早服务 □房卡 □退房要求（最迟保留到几点） □酒店传真
车辆	□车辆安排（往返接机、接机牌、如遇大型会议最好安排一位公司中层在机场接机，感受好。） □车辆挡风玻璃上的车证 □车况（座位数、车型、是否有 VCD、行李架等） □预留车位 □预留会务用车 □是否有领导拼车 □接送车辆提前 15 分钟到达接送地点等候 □路线图（场地整体，包括内外、出入口、停车场等）；场地周边四个方向如何到达。 □场地平面图（每一层的都要有，最好标出卫生间和安全出口）
餐饮	正餐： □用餐人员宗教礼仪 □餐厅风味（家常、川、鲁、粤、淮、湘、其他______________） □用餐形式（自助、桌餐、餐券） □确定菜单 □上菜时间（凉菜、热菜） □包间（数量、大小、布置、音响设备、其他________________） □备用包间 □备用早餐券（有人早上来不及吃早饭，在早上签到时可准备一部分备用） □是否有酒水开瓶费 □是免服务费 茶歇配套设施：（注意：上、下午茶歇的提供时间要控制好） □玻璃杯 □热毛巾 □茶 □西点 □黑咖啡（配：袋糖、鲜奶） □350ml 矿泉水 □雪碧 □健怡/可口可乐 □冰块 □热水 □瓷茶杯 □咖啡杯 □糖盏 □咖啡勺 □一次性杯垫 □盘子 □叉子 □纸抽 □指示牌 □欢迎签（水果） □果盘 费用标准：________元/份 数量：________份 □西点 费用标准：________元/份 数量：________份 □现场自助餐 费用标准：________元/份 数量：________份

（续表）

娱乐	娱乐设施:(务必提前预订) □保龄 □游泳 □台球 □乒乓球 □K 歌舞厅 □网球 □沙弧球 □羽毛球 □温泉 □按摩 □桑拿 □射击 □划船 □攀岩(登山) □棋牌 □电动游戏 □拓展 □钓鱼 □观看表演 □骑马 □其他:________
支持人员	酒店服务员人数:________ 到达会场时间:________ 服装:________ 负责人姓名:________ 性别:________ 备注:________________ 公司内部人员:(如遇大型、重要的会议时使用此项) □会务人员 □警卫(负责安全、路线引导和物品看管) □纪要人 □写会议议程 □翻 PPT 人员 □资料收集时间要求 □前期、后续宣传 □司机食宿安排 □外协公司人员食宿安排 □考勤安排 □全体人员需熟悉场地
其他事项	□会议室、住宿、娱乐位置要尽量集中,不要距离太分散。注意避开酒店装修施工。 □签订协议,提前 3 周预留房间,保持和服务员、餐厅、前台、销售人员的良好联络关系。 □洗手间距离会场远近与数量和大小等要留意,以免人员多排队等候。 □会场出入口、进退场是否方便,注意提前查看安全通道位置,做好安全预案。 □窗户(朝向,通风好,光线适宜);注意第一个人不要离投影幕太近。有窗户的会议室,不要让主要领导面向窗户,避免晃眼。 □布置会场的时间(几天? 每天布场工作时间? 用电量? 场地是否会停电? 工人用餐) □着装要求;嘉宾邀请,遇到 Q&A 时,谁上场非常重要,名单要定好,避免尴尬 □会议休息期间的安全问题,是否提前沟通,锁门还是让大家带走。 □会前、会后调查问卷、意见反馈、赠送小礼品、材料回收 □结账方式、外地使用汇票、服务费 发票(手撕、机打、收据);是否先行垫付后续分摊。 □本着全面、不遗漏、精细、节约的原则办会。
补充说明	

2. 在备选场地中进行初步筛选

根据会议规模、接待规格等条件,选择备选会议场地,通过网站查询、电话咨询等方式,与场地单位进行初步沟通,参照会场需求清单,评估各项基本需求是否具备、匹配,并进行初步筛选,缩小备选范围。

3. 对备选场地进行现场考察

现场考察既可以直观了解会场的细节,更重要的是与场地主管直接沟通,了解价格政策、服务细节、交易方式等方面的信息。现场考察既可以了解会议场所是否符合主办方和会议的需要和要求,也可以对会议的方案提出一些修改和调整意见。

4. 综合评估并确定会议场地

协助会议主办方进行综合评估，确定会议场地，继而对会议策划方案进行必要的修改和调整，并着手推进其他工作。

三、签订场地租赁合同

会议场地已经确定，就应尽快与场地提供单位和企业签订合同，约定双方的权利与责任。

知识补丁

会议室租赁合同

甲方：　　　　　　　　　　签订地点：

乙方：　　　　　　　　　　签订时间：

经双方协商一致，就乙方租用甲方会议室事宜达成以下合同。

第一条　租赁物概况

(一)名称：××会议室

(二)位置：

(三)附属及配套设施：(一一列明或后附清单)

第二条　租赁期限及用途

(一)租赁期限：自　年　月　日　时起至　年　月　日　时止。

(二)租赁用途：用于举办会议。

第三条　费用

(一)租金共________元整(小写￥________)会议超出双方约定时间，按《新华贸商务会议室使用收费标准》另行计取费用。

(二)押金共 元整(小写￥________)

(三)合同履行过程实际发生其他的费用。

第四条　费用支付期限

(一)乙方在签订本合同的同时一次性向甲方支付全额租金及押金。

(二)超出合同约定时间的会议室租金、对租赁物及其附属配套设施损坏的赔偿费及各种违约金等全部费用应该在乙方离开会议室之时全部结清。

第五条　租赁物的交付

(一)甲方于乙方租赁期间前 天/时，将租赁物交付乙方，对租赁物及其附属于配套设施的注意事项告知乙方，乙方书面予以确认。

(二)租赁物交付乙方后，乙方可派员入场布置会会场或指导甲方人员布置会场(此种情形为甲方禁止乙方及其委托的单位布置会场)

(三)租赁物交付乙方后，租赁物发生意外的风险由乙方负担，但不可抗力除外。

第六条　租赁物的返还

(一)乙方租用会议室使用完毕后，应当组织人员及时将会议室清理干净，返还甲方。租赁物返还甲方后风险由甲方承担。

（二）甲方指派专员与乙方工作人员共同检查租赁物（含附属设施及配套设备、装修装饰等）是否完好，有无损坏。双方工作人员共同签字确认检查结果，检查结果一式两份，作为结算依据。

（三）根据合同约定双方结算完毕后，乙方离场。

第七条 甲方义务

（一）在双方议定的时间内向乙方提供场地，并提供照明、电梯音响、麦克风、投影等使用必备条件。

（二）乙方要求提供约定外的服务，甲方应视具体情况予以协助，但有权收取相关费用。

（三）甲方在乙方使用完会议室双方结算完毕后为乙方开具与租金等额的正规合法发票。

（四）指派专人负责租赁物的交付与检查，及时配合乙方结算。

（五）依照合同约定返押金。

第八条 乙方义务

（一）按本合同约定向甲方支付租金与押金及其他费用，否则甲方有权拒绝提供租赁物。

（二）使用租赁物前如实向甲方告知会议内容，不得在会议室内进行非法违纪活动。一经发现，甲方有权不经通知单方解除本合同，并做报警处理。

（三）租赁物使用过程中乙方：

1. 不影响甲方以及新华贸写字楼内所有业户的正常办公，遵守甲方制定的新华贸写字楼管理制度。

2. 保持使用场地的清洁卫生，严禁在会议室范围内乱吐痰、乱扔垃圾、未经甲方书面同意不能在租赁物内外搭设棚架。

3. 不得损坏使用场地内的墙体、地面、镶嵌物及其他物品等，如有损坏由乙方照价赔偿（赔偿标准详见店内赔偿价目表，下同），乙方同意甲方结算时直接在押金中扣除，押金不足的部分由乙方另行支付。

4. 未经甲方书面同意，不得使用会议室其他的设备、设施，如有损坏由乙方照价赔偿，经甲方书面允许的除外。

5. 保持会议室内的空气清新，严禁在会议室内或其他非吸烟区吸烟。

6. 自行保管放置在甲方管辖范围内的物品，甲方无保管义务。

7. 乙方承诺与会人员不会违反上述六项义务，如有违反，由乙方承担相应责任。

（四）租赁物使用完毕后积极履行租赁物返还及相关义务。

（五）本合同履行过程中，非甲方原因导致的乙方人员及与会人员人身损害或财产损失责任由乙方承担，甲方不承担任何责任。

第九条　违约责任

（一）甲方未按照合同约定向乙方提供租赁物的，甲方应当返还乙方已收全部款项，并向乙方支付相当于租金总额20%的违约金。

（二）合同签订后乙方延付租金及押金3日以内的（含3日），除向甲方支付租金及押金外，还应当按日向甲方违约金________；乙方延付超过3日或乙方明确表示拒付租金及押金的，甲方有权通知乙方解除合同，乙方应赔偿甲方租金损失、律师费、交通费等全部经济损失。

（三）因乙方违反本合同第八条第二款约定甲方解除合同的，已收款项甲方不退。

（四）本合同履行过程中因乙方原因致使租赁物（含附属设施及配套设备、装修和装饰物等）出现损坏的，参照本合同第八条第三款第三项执行。

（五）任何一方如需更改使用地点及使用日期，均须提前3天通知对方，否则，违约方须向对方支付相当于租赁物3天的租金作为违约金。

（六）甲方未按合同约定返还押金的，除须继续履行外，还应按中国人民银行公布的同期贷款利率向乙方支付违约金，直至付清为止。

第十条　争议解决方式

本合同在履行过程中发生争议的，双方当事人可协商解决，也可以由有关部门调解；协商或调解不成，双方均可向合同签订地有管辖权的法院起诉解决。

第十一条　其他

（一）合同未尽事宜，双方另行签订补充协议。本合同及补充协议无约定的，参照中国现行法律执行。

（二）本合同一式三份，甲方执两份，乙方执一份，三份效力相同。

（三）本合同自双方签字盖章后生效，自双方款项结清后自动终止。

甲方盖章：	乙方盖章：
经办人：	经办人：
联系电话：	联系电话：
日期：	日期：

拓展提高

会议目的地：构成要素与会议设施

从全球视野来看，“会议目的地”首先指的是“国家”，其次是各个国家的城市或者城市的某个区域。但从会议市场实际运作的特点分析，“城市”则是“会议目的地”的基本组成单位，会议市场基本层面的竞争也主要表现为以城市为基础的会议目的地之间的竞争。在会议目的地的构成要素中，“会议设施”则占有举足轻重的地位，而且随着我国会议规模的进一步增大以及人们对于会议场所要求的不断提高，构建完善的多层次的会议设施体系就显得更为重要了。因此,分析会议目的地竞争体系的构成要素尤其是会议接待设施体系构成的特点,对于构建高效能的会议目的地具有十分重要的现实意义。

2010 年,《会议》杂志通过多年对于会议展览市场以及会议城市的研究,总结出了“会议目的地成功 10 要素(10KSFs)”:

“交通的便利性”:城市的可进入性状况是会议展览活动尤其是中大型会议展览活动首先要考虑的问题之一。这与国外相关机构的调查结果是基本一致的。

“场馆设施与酒店配套条件”:对于中大型会议来说,会议设施的基本条件是会议组织者考虑的最重要的因素之一。“酒店配套”主要包括两个方面,一是指场馆(会议中心或会议酒店)自身酒店客房的配套情况;另一是指场馆周边的酒店配套情况。从会议组织者角度来说,酒店客房距离会场越近越好,最好是在步行 3 ~5 分钟的范围内。

“场馆与酒店价格水平”:绝大部分会议类型都属于价格敏感型的,会议组织方对于场馆与配套酒店的价格会特别关注。我国会议市场目前的主力消费层次处在中等偏上水平——大约相当于四星级酒店的消费水平,因此,会议场馆配套酒店的价格层次要以占大多数的中等消费为主,兼顾部分高端消费需求。

“旅游资源丰富程度”:由于会议活动从总体上属于旅游活动的一个组成部分,会议代表同时也是游客,因此,目的地旅游资源的丰富程度是其竞争力水平的主要组成部分之一。

“政府支持力度”:这一点对于国际会议、品牌会议、大型年会等一些重要的会议来说是很重要的因素。这些会议是会议市场上最受欢迎的会议类型,也是竞争最为激烈的会议类型,政府的支持程度在很多时候成了这些会议去留的决定性因素。政府支持的方式则可以是多样化的,既可以是资金支持,也可以是政策或其他方面的支持。

“当地是否有相应机构配合”:会议组织机构是否把会议放在某个地方举行,与这个地方是否有其相应机构配合也有一定的关系。比如,社团机构在某个城市有分支机构、企业集团在某个城市有分公司等,他们在该城市举办年会或其他类型会议的几率要大大高于其他城市。

“会议专业及配套服务水平”:这一项是保证会议效果的重要因素之一,尤其是规模较大的会议与活动。

“交通成本”:城际交通费用是我国会议消费结构中最为重要的项目之一。因此,在其他条件一定的情况下,城际交通费用越低,会议目的地的竞争力就越强。当然,交通费用也包括市内交通费用,靠近市中心的会议场馆的交通费用相对较低。

“城市品牌形象”:城市品牌形象的塑造是一个长期的过程。国际会议协会(ICCA)每年发布的“举办国际会议最多的城市”排行榜中,维也纳、巴黎、伦敦、新加坡等城市每年都位居前列,这与其拥有良好的城市形象密切相关。反过来说,会议对于城市良好形象的传播与树立也起着十分积极的作用。

“气候条件”:《会议》杂志调查显示,会议市场往往会与当地的旅游淡旺季形成一定的互补关系。良好的气候条件对于一般游客和会议代表同样具有吸引力,只是目的地在观光游旺季时通常会出现交通拥塞的状况,这段时间的客房等价格也会比较高,因此,会议团队,尤其是中大型会议团队更愿意错开目的地的观光旅游旺季,而选择在平季举行。

当然,外地的会议组织者选择在当地旅游淡季举办会议的概率也不高。

综上所述,目的地吸引会议团队的因素是多样化的,这些因素发挥作用的方式也不大相同:有时候一个因素就足以吸引一个大型会议前来,而很多时候则是多方面因素共同起作用的结果。

对于目的地来说,了解会议活动的特点及其发展趋势,并据此构建完善的会议设施体系,是会议目的地建设的重要任务之一。

经过多年的发展,我国的会议产业已经开始逐步进入一个相对稳定的发展时期。经济的高速发展以及国际交往活动的不断增多,使得我国会议的数量迅速增加,会议的规模、会议附带展览的面积等也都进一步增大。在这种情况下,传统的以酒店为核心的会议接待体系开始发生重大变化:会展中心、会议中心等大型会议接待设施在会议市场上所占份额越来越高,"综合性"设施,包括各种"会议综合体""会展综合体"等,将逐步取代"单一性"设施成为会议接待设施的发展方向。这种由会议需求市场变化导致的接待设施市场的变化,为会议目的地建设提出了新的课题:积极研究会议市场的发展趋势,并据此制订出具有前瞻性的会议接待设施规划方案,进而构建适应市场未来发展需求的会议旅游目的地接待设施体系。

(资料来源:《会议》杂志)

思考练习

一、简答题

1. 会议目的地城市的选择通常要考虑哪些因素?
2. 怎样选择具体会议举办地点?

二、论述题

1. 你所在的城市适合举办什么类型的会议?说说理由。
2. 以小组为单位考察两个典型会议场所,撰写考察报告。

学习任务5 布置会议现场

任务概述

搜集一些会议室现场材料或实地考察会议现场,观察会议现场的布置情况。说一说会议现场通常有哪些空间布局、每一部分如何布置、都需要使用哪些不同类型的物品。各小组针对选题项目制订会场布置方案。

任务目标

- 能为特定会议提出全面的会议现场布置方案,并实施相关工作
- 会布置中、小型会议室

学习内容

一、会议场地功能区规划

会议场地是一个广义的概念,除了会议室,还包括所有为会议活动的举办而服务的现场区域。现代会议活动的多样化、综合性特点,要求会议场地应具备多样化、综合性的功能。会议场地应根据会议的具体需要规划和设置各项功能区。

1. 会场

会场是参会代表进行问题讨论、研究,信息交流、思想沟通的特定场所,是会议场地最重要的部分。除了传统形式的相对独立、封闭的中小型会议室,现代会议活动也常常选用宴会厅、报告厅、展厅等场地,例如开幕会议、宴会。

图 2-1 会场

2. 注册台

注册台(registration desk)是用于现场注册的工作台,是在会议举办前,为参会代表办理注册手续的区域。通常设在会议场地的主要入口或必经位置等区域,如酒店的大堂、楼层的电梯口、会议中心的大厅,在条件允许的情况下,也可以在停车场、室外广场等地方搭建临时区域。

通常,注册区所需的空间与会议规模呈正相关关系。因此,注册区在中型以上规模的会议中格外重要,一方面需要有足够空间容纳大量的参会代表,另一方面需要在相对较短的时间内完成身份审核、信息统计、缴费、材料分发等工作。因此,部分会议还会根据会议相关人员的身份以及注册流程的不同,设置多个注册台,例如专门为媒体人员、赞助商、不同类型的参会代表等,分别设置注册台。

特别提示

注册台应选择便于人流疏散的地点，在搭建临时建筑时根据场地条件，合理规划和分配每一个流程的位置和空间，对用时长的流程配置更大的面积，例如为填写注册表提供相对开放、面积较大的空间，而会议资料发放的环节为后台留出更大的空间以便存放会议资料；按照注册流程的顺序布置各个工作区域，形成单向的线路以防止因对向人流形成拥堵；现场设置醒目的标识牌，有效利用国际通用标识。

图 2-2　参会代表在注册台需要办理各种参会手续

图 2-3　专门为记者与员工设置的注册台

3. 休息区

会议现场的休息区主要有两种类型，一种是为重要嘉宾、演讲人、主持人等人员提供的专用区域，用于在会议每一个阶段开始前进行候场和休息，如贵宾室、候场区等相对独立的空间，设有专门的沙发、座椅等；另一种是为普通参会代笔提供的会间休息区域，如茶歇区、自由交流区等相对比较开放的空间，可以不设座椅。

在学术会议中，通常需要为演讲人提供专门的试片室（preview room; preview area; ready room; try-out room），也叫预览室，是会议主办单位或承办单位提供给演讲人用于预览、上传、修改报告和演示文件的房间。其设立目的通常是为了省却会场拷贝文件的时间，避免在会场临时拷贝文件出现兼容性和技术性问题，便于会议文件的统一管理。预览室有时也作为演讲人休息室。

休息区的位置一般与会议室的位置相邻近，并提供茶歇服务。

图 2-4　会议嘉宾休息室

图 2-5　会议现场某厂商的展示区

4. 展览展示区

以产品销售、项目合作、技术交流等为目的的会议，为了更直观地展示产品、项目和技术，通常会同步进行会议附带展览。对于带有附带展览的会议，还需要专门用于产品、技术、成果等进行展览展示的区域。附带展览对于会议场地的要求比较高。一方面需要足够大的场地面积，另一方面还需要具备支持展位搭建和展示的必要条件。因此，有附带展览的会议，通常会选择在会议中心、会展中心或综合性强的新建酒店举行。

5. 其他功能区域

会议现场的功能区域应根据会议的具体需要而设立，例如为了便于参会代表办理公事、处理公文而设立配有基本办公设备的办公区，商贸会议中可以在会议现场设立专门的商务洽谈区，在娱乐休闲、社交活动中设立用于表演和推介的舞台区等，此外，会议现场还常常会有用餐区、存储区、媒体工作区、采访区、综合服务区等。

大型会议的会场功能区较多，为了便于现场人员进行地点查找，组委会需要制作会议现场的平面图，注明各个区域的位置。

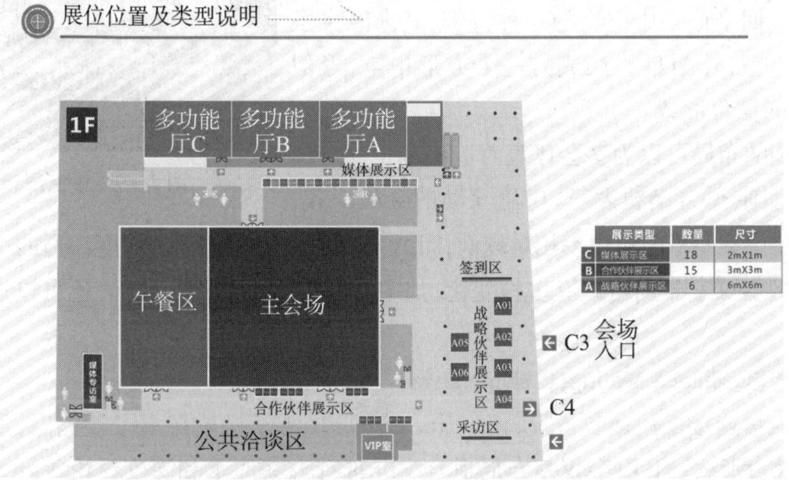

图 2－6　会议现场平面图

二、会议室布局形式

会议室是会议活动中最主要的场所。根据会议的规模、形式、内容等，可以采取不同的会议室布局形式。

1. 剧院式（theatre style；auditorium style）

会场布置与剧院相似，听众席座椅面向主席台且不设课桌的摆台形式。剧院式布局适合规模较大、单向交流为主的会议。由于只设座位不设课桌，因此，相同的面积内，可以容纳最多的人数。而由于密度较大，且不便于参会代表进行现场记录，常用于会议时间较短的信息传达型会议活动，或开幕会议、闭幕会议等全体人员都参与的仪式性会议活动。

图 2－7　剧院式布局

图 2－8　教学式布局

2. 教学式(classroom style; classroom seating; schoolroom style)

也叫课桌式,将会议室的桌椅按排纵横端正摆放,布置形式与课堂教学相似的摆台形式。课桌式布局可以容纳几十人到几百人不等,适合中小规模的会议。

特别提示

剧院式布局与教学式布局的根本区别在于,剧院式不配备桌子,而教学式配备桌子。

3. 中空型(hollow square set-up)

中空型布局是将会议桌连接在一起,形成中空的正方形、长方形或多边形,椅子摆放在会议桌外围的摆台形式。回字形是中空型的一种特例,其内圈桌子摆成方形中空,外圈桌子摆成另一个方形中空,形似汉字"回"的摆台形式。

图 2-9　中空型布局

中空型的布局可以为参会代表营造出利于参会代表沟通的氛围,适合随机发言、讨论互动的会议形式;而由于对会议室面积的使用率相对较低,因此,适合举办多向交流、深度沟通的小型会议。

中空型会议室布局可以有多种变化,如中空圆形、中空方形,此外,还可以进行外圈的延伸。

4. U 型(U-shaped seating; U shape style)

将会议桌连接摆放成长方形,但空出一个短边,椅子摆放在桌子外侧围,形似英文字母"U"的摆台形式。U 型会议室布局适合举办带有方案演示和深度讨论等环节的小型会议。是企业会议常用的布局形式。

图 2-10　U 型布局

图 2-11　董事会式布局

5. 董事会式(board meeting style; boardroom style)

会议桌摆放在会议室中间,椅子摆放在会议桌外侧的一种摆放形式。

6. 鱼骨型(fishbone style; fish bone style; chevron style)

也叫鱼刺型,面对主席台方向,将会议桌按鱼骨形状摆放的摆台形式。鱼骨型布局适合于互动性较强的中小型会议,既可以分组的形式充分讨论,还能方便地聆听主持人的发言。

图 2－12 鱼骨型布局

图 2－13 阶梯型布局

7. 阶梯型(tiered style;tiered seating)

为减少座席间的视线遮挡而设立的存在一定落差的摆台形式。阶梯型布局常用于表演、辩论或大型会议的全体大会。

8. 宴会型(banquet style)

将椅子摆放在圆桌外侧形似宴会的摆台形式。宴会型布局形式较为随意,有利于调动参会者发言的积极性,适合小组讨论。

图 2－14 宴会型布局

图 2－15 酒会型布局

9. 酒会型(cocktail party stylc)

酒会型布局,是指只摆放酒会用的高脚桌子,不摆设椅子,以自由交流为主的摆台形式。酒会型布局的特点是活动空间自由,参会人员交流自由,气氛轻松自由,通常用于非正式的客户招待,或作为正式宴会的前奏。

10. 异形(special shape)

按照需要将会场布置成马蹄形、T 形、E 形等特殊形状的摆台形式。也可以根据需要对会场布局进行灵活的组合。

动手做

会议室布局形式并无严格限制,可以根据会议需要进行变通和创新。不同的布局可以为参会代表们制造出不同的信息沟通氛围。以小组为例,在会议实训室动手摆放出不同的会议室布局形式,谈一谈不同的会议室布局在空间利用、设备要求、氛围营造等方面有何特点。

在评估、选择、租用会议场地和会议室的过程中，需要掌握一些关于会议室空间的基本常识和经验，可以通过会议室的空间数据、会议室的布局形式等信息，判断会议现场可能达到的效果，以便做出相关决策。此外，如需在会场架设专业设备，还应在保证会议效果的前提下预留出充足的面积和空间。

三、临时建筑结构搭建

大型会议的现场可能需要搭建一些临时性建筑结构，如展位、展架、主席台、舞台、背景架等，这些工程项目，通常需要由具有相应资质的专业公司来实施，并在会议期间进行现场维护。

图 2－16　国家会议中心会议现场临时主席台

搭建工程的外包实施的一般流程如下：

1. 业务洽谈形成初步意向

在业务洽谈过程中，需要对承建单位的资质进行审查，了解企业的经营状况，对其服务和报价等进行初步评估。最终形成初步意向。

2. 了解需求并进行现场勘测

与承建方设计师沟通，了解会议主办方或组委会的具体要求（如对设计风格的预期、色彩要求、设计重点、照明要求、展板数量、预算等），获取相关设计素材（如公司全称、客户标准司标、客户标准字体、客户标准色标等），以及场地信息（如平面图、场地数据、技术参数）。如有必要，还应对场地进行现场勘测，以保证设计效果。

3. 方案设计与预算

设计完成后，工程承建方应将相关设计方案以及预算一并交由会议的主办方或组织机构进行审核，对不合理的地方再进行沟通、协商、调整，最终确认方案。

4. 签订合同

方案确认后，双方签订工程合同，详细约定相关事宜。

5. 现场施工与维护

承建方按照合同约定，在指定时间进行现场施工，如有必要，还需派专业技术人员于会议期间在现场进行操作和维护工作。

6. 会后拆除

出于安全的考虑，临时建筑物的拆除通常也需要由专业人员进行操作。因此，通常在承建合同中会约定拆除相关事宜。会议结束后，承建方需要在规定时间内将各种临时建筑拆除，处理建筑垃圾，恢复场地原貌。

图 2-17　2013 成都《财富》全球论坛主席台背景板

案例分析

舞台背景板搭建工程合同

甲方：

乙方：

甲、乙双方根据《合同法》及有关规定，为明确甲、乙双方的权利和义务关系，就________舞台搭建安装事宜签订合同如下：

一、甲方委托乙方设计制作特装展位（详见图纸）：

1.1 舞台面积：长：________米，宽：________米，高：________米，面积________平方米。

1.2 工程造价包括：制作费、材料费、材料运输费，人工搭建费；（不包含组委会与展管需收取的其他费用）。合计人民币：________（￥________元）

1.3 因设计变更而引起的工程费用增减，另行计算。

二、质量要求、责任：

2.1 乙方必须保证在________年________月________日完成舞台的全部制作、安装。

2.2 乙方负责按质、按时安装、拆卸装展台的全部装修。

2.3 乙方必须严格按照展馆所要求的进行装修、布展。

三、交付地点：________

四、工程费用支付、方式：

4.1 合同签订生效后，甲方即支付乙方 80% 的工程费用，即人民币（￥________元）。

4.2 布展完成验收后，甲方于________年________月________日支付乙方工程款的 20%，即人民币（￥________元）。

4.3 付款方式：现金、银行汇款。

五、验收：

1. 验收时间为：________年________月________日________时。

2. 验收标准：以双方确认的效果图为准。

3. 甲方根据合同规定的质量要求以及效果图进行验收。

4. 验收发现尚需整改部分，甲乙双方分清责任后，经协商予以整改，直至达到双方约定的要求；所发生的一切费用由责任方承担。

六、违约责任：

甲方责任：

1. 甲方须按时支付工程款，否则乙方有权随时停止工程，所产生的一切后果由甲方自行承担，乙方不负任何责任。

2. 如甲方在制作过程中毁约，乙方不予退还预付款。

3. 制作喷画部分的资料必须由甲方以现成的电子文件格式提供，乙方不负责平面设计。

乙方责任：

1. 乙方必须按照设计图纸进行制作、安装，不得擅自更改设计。

2. 乙方必须在开展前完成展位的搭建工作，否则应承担相应的责任。

3. 乙方负责搭设的展位必须安全可靠，但由于非乙方原因或人力不可抗拒的原因导致甲方损失，乙方不负责赔偿；在甲方未付清工程余额之前，一切货物所有权仍属乙方所有。

4. 乙方负责拆展，并处理一切搭建物。

5. 乙方的施工和使用的材料必须遵循组委会消防安全规定。

七、本合同自双方签字盖章之日起生效，本合同未尽事宜由双方协商解决；达成补充协议的，补充协议与本合同具有同等法律效力，协商不成引起诉讼的，由乙方住所地法院行使管辖权。

八、本合同一式二份，传真件有效，双方各执一份，均具有同等法律效力。

……

思考：

1. 在签订工程合同前，需要做哪些准备工作？

2. 该合同中是否有需要改进的内容？

四、设备安装与调试

1. 常用会议设备

为了保证会议举办的效果，需要使用多种专业设备。常用会议设备有以下几类：

(1)影音设备：主要包括视频和控制设备和会议发言扩声设备两大类，具体有投影设备、LED 设备、等离子设备、电脑、视频播放器、视频转换器、视频中央控制设备、音响设备、会议系统设备、话筒、音效设备等。

(2)灯光设备：电脑灯、PAR 灯、追光灯、地排灯、激光灯、灯效控制设备。

(3)记录设备：摄影摄像设备、速录设备、录音设备等。

(4)门禁设备：对人员实行进出管理的专业设备，同时还兼具一定的安保的功能。

(5)翻译设备:简称同传(simultaneous interpretation),又称同声翻译、同步口译。是翻译人员在不打断讲话者演讲的情况下,同步地将其讲话内容传译给听众的一种口译方式。

(6)办公设备:办公文具、复印机、打印机、扫描仪、网络设备等。

(7)特殊设备:舞台效果设备、投票设备、表决设备、抢答设备、无线导览、对讲机、启动球等。

案例分析

APEC 会场设高科技麦克风:发言人可一键排队

影像追踪系统可识别发言人。

300 个座位,18 个液晶显示屏,5 组高清摄像探头,2 块巨大的主屏幕,4 组备用摄像机……长方形会议桌上有 56 个麦克风围绕,桌子中央是绽放的大红花卉。

这是今年最后一次高官会的会场,也是 APEC 正式会议周的第一场会议。正在负责设备调试的工作人员介绍,今年的电子设备与去年相比先进许多。“往年开高官会时,各与会代表会手持发言牌,想发言时举牌示意。今年我们采用了影像追踪系统,谁在现场发言,高清探头会自动识别人脸,并显示在会议桌前的 18 块液晶显示屏幕中。”

同时,今年的麦克风设备上专门设置一个功能键,按下后将自动安排与会代表在发言系统中“排队”,保证会议发言的有序进行。

桌面上,还特地摆放了麦克风设备的使用说明书。此外,还统一摆放 5 张纸、一支笔、一盒薄荷糖、一个透明玻璃杯和一瓶矿泉水等物品。

(资料来源:新京报)

思考:

1. 会场采用了哪些专业设备?

2. 新型设备的使用对会议现场效果有何影响?

2. 会议设备的配置

会议场所一般都配备基本的会议设备,如影音设备、办公设备等。由于设备的品牌、型号不同,可能在性能也会有差异。在租赁场地的价格谈判中,通常也包含了会议设备的因素在内,因此,双方签订的场地租赁协议中,往往也需要包含设备的配备情况以及相关的技术数据。

如果会议场所提供的会议设备不能满足会议需要,就须从专业会议设备租赁公司租借。会议设备的选择应以满足会议需要为根本,并尽可能节约成本。某些专业会议室的租赁费用较高,在平时应多方了解相关设备的市场报价,并广泛联络和积累实力强、设备充足的供应商,以寻求更高的性价比高。当然,同声传译设备只是硬件,还需要由专业的翻译人员的参与才能完成信息的语言转换和传送。

图 2-18　同声传译现场工作人员

图 2-19　会议现场速录工作人员

动手做

上网查阅一下关于同声传译、速录等专业会议工作的资料，了解一下这些工作对于工作人员素质能力有哪些要求，了解一下这些专业工作的收费标准等信息。

综上所述，会议设备的类型、数量、档次的选择和配备，可能包含大量的技术参数、标准数据等，需要由具备会议设备相关专业知识和经验的工作人员来实施。

3. 签订设备租赁合同

会议设备租赁是 PCO 最常见的分包项目。为了保证会议的顺利进行，需要与租赁公司签订合同约定彼此的权责关系。会议活动自身的特点以及设备的专业性特征，要求合同中应尽可能具体到每一个细节，如时间节点、设备参数、安装调试、技术维护等。

案例分析

会议室影音设备合同文本(一)

甲方：____________________(以下简称甲方)

乙方：____________________(以下简称乙方)

第一条：合同范围

本合同是关于乙方(供方)：________向甲方(需方)：__________公司提供：会议室影音设备采购及安装合同。

第二条：价格及设备清单

本合同成交价为______元整。详见设备清单及报价附表(本合同价不含税)。

第三条：付款方式

本合同签字后，乙方在 15 个工作日内完成设备的安装调试工作，经甲方验收合格后，甲方在5 个工作日内向乙方付清全额货款，保修期为一年，保修金按合同总价款 5% 扣取，保修期满付清。

第四条：交货验货

合同签字生效后，乙方需在15 个工作日内把货物交于甲方指定地点 。经甲方验收货后，乙方不再承担货物的遗失安全责任。安装完毕后将所有设备随行文件移交给甲方。

第五条：责任与保证

乙方保证提供给甲方的设备是严格按照合同执行，并接受工商、质检部门监督。

第六条：仲裁与法律

一切由执行合同引起或合同的争端，均应通过双方友好的协商解决，不能解决之争端应按照中国法律，按照经济合同仲裁条例的规定提交国家有关部门申请仲裁。

第七条：售后服务明细

甲方购买该设备用户均可享受乙方为您提供的优良可靠的售后服务，并承诺如下。

一、乙方对所售设备均按国定三包政策执行。

二、本次购买的相关硬件设备售后支持。主要部件一年内提供保修服务。

三、超过保修期的设备的维修，乙方只收相应的维修成本费用。

四、以下内容不属于保修范围：

1. 由于电压不稳，超出使用范围而造成的设备故障。

2. 人为及不可抗拒原因。（按中华人民共和国《合同法》解释之不可抗力）

五、本合同一式肆份，自双方签字盖章后生效。未尽事宜可经双方友好协商另立协议，所立协议与本合同同具法律效应。

……

设备租赁合同文本（二）

甲方（承租方）：

乙方（出租方）：

签订地点：

签订时间：

甲乙双方根据《中华人民共和国合同法》及相关法律之规定，签订本合同书，并商定如下条款，共同执行。

一、甲方租用乙方设备用于：　　年　月　日公司年会

二、租用设备

甲方租用乙方LEDP4高清屏幕（40平方米），屏幕底座。

三、付款方式：

1. 本次设备使用费

费用共计10 000元，人民币大写：壹万元整。乙方提供国家正规足额发票。

2. 甲方在合同签订三日内，支付乙方租赁费用50%的预付款，预付现金：5 000元（人民币大写：伍仟元整）。设备进场调试完毕，经甲方验收无误，会议结束后甲方以现金的方式将剩余租赁费5 000元（人民币大写：伍仟元整）支付给乙方。

3. 银行账号：

四、乙方自行运输/安装/拆卸，并配备专业人员在现场调试/维护，确保设备能够全程满足甲方会议需求。

五、乙方应该负责租用设备的维护、保养及安全问题,乙方设备出现损坏、丢失现象及其他非因甲方原因出现的问题,甲方不承担任何责任。

六、活动时间

会议日期:　　年　月　日;

活动地点:

布场时间:　　年　月　日。

七、如在活动其间有特殊情况发生,甲乙双方应及时联系协商解决。

八、甲方违约责任:

由于甲方原因,导致乙方不能按时完成安装调试,由此产生的一切后果及损失由甲方负全责。

九、乙方违约责任:

因乙方原因未按时安装、调试设备,影响甲方会议无法按时召开或会议中设备出现问题,影响会议效果,甲方将不支付剩余租赁费(5 000元)。

十、未尽适宜经双方友好协商解决。

十一、本合同一式两份,双方各执一份。签字生效。

……

思考:

1. 以上的两份会议设备租赁合同文本中,有哪些存在法律漏洞的细节问题?

2. 从会议活动本身的特点出发,谈一谈为了保证会议的顺利进行,租赁合同中需要包含哪些重要内容和条款?

五、会场布置与装饰

1. 主席台布置

主席台是会场的中心,在开、闭幕仪式、演出活动中,是整个会场的焦点。主席台的布置在整个会场布置工作中占有举足轻重的地位,应当高度重视。

如果会场本身配有主席台,且条件满足会议需要,就可以在现有基础上进行布置。如果会场没有主席台,可以根据会议的具体需求,进行专门的设计和搭建。

主席台的布置通常采用以下流程:

(1)安装主席台背景布、架设固定会议设备。

(2)根据就座人数及会议的具体特点确定主席台座位的布局,如摆放的位置、方向、排列密度、排数分布等。

(3)安装和布置临时会议设备。

(4)摆放话筒、文具、会议资料、水杯等小型设备和会议用品。

(5)布置装饰性物品,如鲜花、盆栽、旗帜等。

(6)按照事先拟订的主席台就座人员座次表放置席签。

上述工作并无严格的先后顺序,一般来说,可以按照先难后易的顺序进行,先完成结构布局相关的工作,再进行细部装饰。在主席台布置的过程中,也涉及一些需要专业技术人员完成的工作,例如专业设备的安装、背景结构的搭建、背景布的安装等,此外还有所有用电设备的布线工作,为了确保安全,需要由特定资质的企业和技术人员进行施工,在相关的项目外包合同中应予以说明。

主席台的布置除了要满足基本的功能要求,还应与整个会场相协调。会场气氛的许多方面首先应当从主席台的布置中体现出来,如会标、会徽、会旗、画像、旗帜、花卉等。

图 2-20 工作人员进行 2014 两会主席台布置工作

图 2-21 博鳌亚洲论坛开幕式

案例分析

博鳌亚洲论坛年会会场布置变化:主席台降低近 2/3

梁桥上新增了新华影廊、主会场主席台降了将近 2/3、LED 屏代替原来的投影幕……今天记者在博鳌亚洲论坛会场发现,今年的论坛会场布置上较往年有了一些新变化。

据了解,今年会议中心将为博鳌亚洲论坛年会提供 24 间会议室。记者发现,与往届年会不同的是,在通往主会场的梁桥上,新增了新华影廊,通过 150 多张照片及文字向大家讲述了博鳌亚洲论坛从成立开始的成长过程。

而今年的主席台也进行了不小的调整。如今的主席台比原来的降低了将近 2/3,演讲台也从侧面调整到了中间位置,各国政要的座位也被调到了主席台下方。

会场中最大的亮点是主席台的背景墙。它一改往年风格,用灯帘加五彩灯营造出轻松明快的气氛。主席台两侧,两块拥有全球最新技术的 LED 屏代替了原来的投影幕,其清晰度也是国内顶级。今年论坛的宴会上也将减少鲜花装扮,取而代之的是一些具有海南元素的沙画、海贝等精致的装饰品。

(资料来源:海南日报)

思考:

1. 与上届相比,本届博鳌亚洲论坛主席台布置做了哪些改变和调整?

2. 这些改变和调整取得了哪些效果?

2. 代表区布置

代表区与主席台相对,是参会代表就座的区域。会议室或会场的布局确定后,就需要按照参会代表的数量和会议室的具体场地条件进行布置。首先是座位和桌子的选择和摆放，需要根据各种尺寸数据进行计算，确定桌椅排列的方式、摆放的密度、走道的规划等。

桌椅摆放好后，代表区的场地格局就形成了，接下就可以进行细节布置了，例如桌面台布铺设、桌签放置、会议物品的摆放以及其他装饰性物品的摆放等。

小贴士

会场物品摆放标准

会议桌摆放位置要正，椅子摆放在会议桌前并与会议桌保持约为一人的距离，椅子左右之前的摆放距离要均匀约为一人距离，椅子摆放完毕后竖看要成一条直线。

根据椅子的位置在会议桌上摆放稿纸，稿纸摆放在每个椅子的正中间位置，稿纸底边与桌子的底边成一条水平线，铅笔呈45度斜角放在稿纸右侧，笔尖朝上，标签外漏。

稿纸定位后，茶杯摆放在稿纸的右上方，与稿纸边保持约为一指的距离，杯把朝右，茶杯左侧摆放香巾碟，香巾碟与杯子的距离约为一指，杯子与香巾碟的中心在一条水平线上。

话筒固定在桌面上，话筒麦克方向角度一致摆在同一侧方向。水果、干果、矿泉水统一是两人一份，水果摆放在两人中间位置，水果上方摆放两瓶矿泉水，水果两侧对称摆放干果，每份物品摆放标准一致，侧看呈一条直线。

桌花根据会议桌长度，摆放2～3个，桌花一般选用鲜花，并且不易太高，以免影响主客双方说话，摆放在会议桌的中心位置即可。

图2－22　布置完毕的会议室

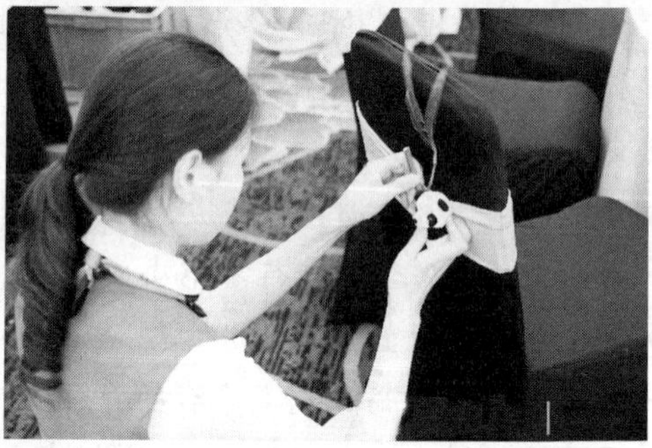

图2－23　2013成都《财富》全球论坛晚宴布置

特别提示

会议是社会活动的一种形式，因此，嘉宾、演讲人、参会代表、广告商、赞助商等的会议相关人员都是以其社会角色和身份参与会议活动。在开幕式、闭幕式、宴会、论坛等会议场合，需要根据相关人员的职务和社会地位等对座次进行安排，并在此基础上，安排名单排序、桌签摆放等相关工作。

在确定座次时，会议的服务方需要由熟悉和了解相关人员背景的主办方提出方案、并进行反复确认，最终落实相关工作安排。

回顾并巩固商务礼仪课程中关于座次的知识，思考在会议的哪些活动中可能需要安排座次。

3. 标识系统布置

标识系统(signage system),是以标识系统化设计为导向,综合解决信息传递、识别、辨别和形象传递等功能的整体解决方案。标识可以提供空间信息,通过传达“方向、位置、安全”等信息,帮助人们认知、理解、使用空间,从而提高空间查找和移动的效率。

图 2－24　第五届全球移动互联网大会的地面指示标志

图 2－25　会场指示牌

根据相关的国家标准和行业管理的要求,会议场所都会配备齐全的标识,如指路标、导视牌、会议室分布图、楼层分布图等,而在会议活动的举办过程中,主办方和组委会为了突出会议本身的形象、吸引参会代表的注意力,引导现场人员更高效地尽心地点查找,还会设计大会专用的标识,在会前张贴、悬挂、布置在各个关键通道和会议场地中。

特别提示

在国际会议中,参会代表来自于不同的国家,当标志系统无法涵盖所有语言的情况下,有两个解决办法:一是使用英语;二是使用国际通用的标识符号。在大型国际会议中,能够被所有参会代表都理解的表示系统,可以便于现场人员进行自助服务和管理,提高参会的效率和满意度。

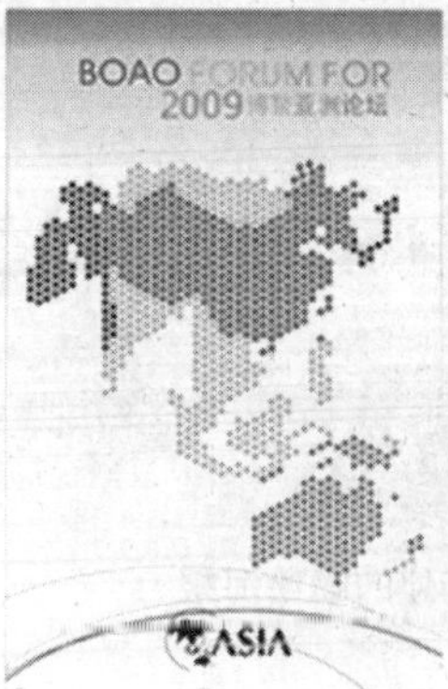

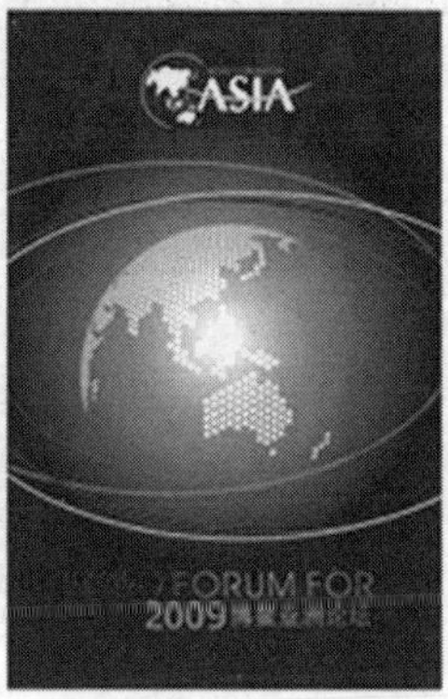

图 2－26　设计风格统一的各种标识广告牌

4. 会场氛围营造

为了突出会议的主题、渲染会场气氛、扩大会议宣传等，根据会议的性质和目标，还可以综合运用文字、图案、色彩、造型、光线、音乐、花卉等环境要素，在会议现场、会场周边进行布置和装饰，对会场的气氛进行烘托、对会议进行对外宣传。

在学术会议中，也可以在会议现场张贴墙报（poster），也叫壁报，即参会者选取论文中的精华部分，以文字形式或文字结合图表形式打印，并张贴在会议主办单位指定的区域，以供他人阅读和讨论的一种展示形式，以加强会场的学术交流与讨论氛围。

图 2－27　博鳌亚洲论坛会场的墙面进行了专门装饰

图 2－28　会场外的喷绘海报

案例分析

回字形会场今迎21经济体高官

今天9时,APEC第三次高官会将在北京饭店国际会展中心正式举行。昨晚,位于霞公府街的APEC第三次高官会会场布置完毕,1 680平方米的会场内回字形桌台静候来自21个经济体的高官和媒体记者。

据了解,此次高官会召开主会场北京饭店国际会展中心一层北京宫,可容纳上千人参会。

昨天,在外交部相关负责人的统筹下,数十名志愿者对桌上的物品进行统一确认。目前主会场设备已摆放完毕。

记者从注册中心了解到,截至目前,已注册代表证件和高官证件基本发放完毕。这次会议注册有一个创新,每名注册登记的参会者办理手续可从注册中心的电子显示屏上看到自己的证件制作状态,可确保信息准确无误,也方便代表及时领取。“网上注册的参会者前来领取相关证件只需要短短几分钟,现场注册的参会者整个过程也只需15分钟。”注册中心相关人员介绍。

探秘:椅子靠背齐如一条线

硕大的北京饭店国际会展中心北京宫会议厅中央,回字形的会议场地摆台已经完成。回字形摆放的会议桌,除主持会议的西侧一边外,其他3条边都摆放了几排用洁白座套包裹的座椅。这些座椅仿佛接受检阅的仪仗队一样,横平竖直,无论从哪个角度看去,椅背都是一条直线。

“没错儿,我们就是先拉出条直线,然后把椅子按线摆齐的。”颇有经验的会场服务员领班告诉记者,大型国际会议对场地要求很高,别看区区几把椅子,能不能摆齐却代表着国家形象。

和椅子“较劲”,只是会场布局的一部分,工作人员说,会议桌上更见功夫。“一圈儿桌子一共要坐几十人,每个人面前摆放的会议物品都是一样的,位置都不会差。”服务员随身带着一段带刻度的吊线,精准测量麦克风到桌面的距离,保证所有麦克风高度一致。

科技:摄像头追着麦克风“转”

在1 680平方米的会场内,21个经济体的成员最远距离有40米,如何让大家看清发言者? APEC第三次高官会北京市筹备办会务服务部副部长梅建军告诉记者,会议将使用智能会议系统,发言者的影像将清晰呈现在会议主席台两侧的巨型LED屏幕上。

“这次我们使用的绝对是高科技设备。”展会器材服务商告诉记者,智能会议系统在回字形会议桌内装有5个摄像头,可以实现360度声控射频追踪,一旦有代表按下麦克风发言按钮,摄像头就会自动“扭脸”过去。发言者的脸部和标明经济体名字的桌签都会收入镜头,实时至LED屏幕。这样,即使坐在最远端的代表也能清楚看见发言者。

节俭:弃用LOGO改用绿植

记者了解到,在回字形会议桌中间,原本将设置一块巨大的APEC会议LOGO,但记者昨天并没有找到它。梅建军指着会议桌中间的空场说,十几盆绿植取代了一次性的木质LOGO。"为的就是节俭,不浪费。"

"摆放APEC会议LOGO除了烘托会议气氛外,还起到遮挡电气设备线缆的美观效果,但这个木质的LOGO用一次就要废弃,实在很可惜。最终我们决定租用绿植取代会议LOGO,为会场增加一些轻松的色调。"除了绿植外,音响、LED显示屏等设备也都是租用的。

(资料来源:京华时报)

思考:

1. 该会议在会场的布置方面采用了哪些方式?
2. 会场布置的目的和作用有哪些?

现代会议的综合性特征,决定了在会议现场需要具备多种功能。会议现场布置既要实现各种不同议题讨论、不同会议活动开展的基本功能,还需要具备接待、社交、表演、展示、宣传等功能。因此,会议现场布置不仅仅是指会议室的布置,而是包括所有会议活动场地在内的各种功能区域的规划、布置、设备以及环境装饰。会议现场的布置可能需要主办方、PCO、会议场地提供企业、会议设备租赁公司、搭建公司等多个组织的共同参与。成功的会议现场布置,可以大大提高会议现场的服务质量和管理效率,进而提高会议相关人员的满意度。

知识补丁

会场环境布置的常用手段

1. 会标

会标是会议全称的标题化,凡正式会议应当将会议全称用大字书写后挂(贴)在主席台的正上方。其作用有两点,一是增强会议的庄重性;二是揭示会议的主题和性质,激发参会代表的参与感。

2. 标语

适当的标语可以烘托会议的主题,渲染会议的气氛,振奋参会代表的精神。会议标语的制作应当做到简洁,具有鼓动性和号召力。

3. 会徽

会徽是体现或象征会议精神的图案性标志,具有强烈的感染和激励作用。会徽一般有两种,一种是以本组织的徽标作为会徽,如党徽、国徽、团徽、警徽等等;另一种是向社会征集,选择最能体现或象征会议精神的图案作为会徽。

4. 灯光

灯光的强、弱、明、暗及颜色会给会场带来不同的效果。

5. 花卉

适当布置花卉,能点缀会议的气氛,给人一种清新、活泼的感觉,并能减轻参会代表长时间开会的疲劳。

6. 会场的整体色彩与色调

色彩与色调能使人产生不同的心理感受。比如红、橙、黄等颜色给人以热烈、辉煌、兴奋的感觉,青、绿、蓝等颜色给人以清爽、娴静的感觉。经验表明,时间较长的会议,可用绿色、蓝色的布饰,或布置绿、蓝色的花草、树木等。代表大会、表彰庆祝大会,会场的色调布置要鲜亮、醒目一些,以显示热烈、庄严、喜庆的气氛。在传统的观念中,一般认为红色象征着火热、豪迈、奋进,黄色象征着温暖、高贵、辉煌。当人们走进用这样的色调布置的会场时,就会感到心情振奋,就会很快将自己的情绪融入会议的气氛中。但一般性短会,不必作过于特殊的布置。

会议现场布置工作完成后,会前筹备工作也接近尾声,会期也将临近。在所有的现场布置工作完成后,还需要在会前委派专门人员进行定时巡视,随时监控现场情况,发现纰漏应及时调整改进,为会议的开幕做好准备。

拓展提高

PCO的日常经营中,常常需要将承包的会议项目的工作任务进行分解,然后分别外包给会议服务供应商,如场地租赁、设备租赁和工程外包等。因此,必须具备两方面的常识:一是与合同订立相关的法律知识;二是外包业务本身的专业知识。加强相关知识的学习,才能在供应商的谈判、选择和业务合作中维护自己的合法权益,进而为服务质量提供保障,提高主办方和参会代表的满意度。

下面提供了会场布置合同范本,以咨参照。

会场布置合同范本

甲乙双方依据《中华人民共和国广告法》《中华人民共和国合同法》及国家有关法律、法规的规定,在公平、平等、自愿、诚实信用、互惠互利的基础上,经友好协商,就甲方委托乙方对________________项目进行招商(租赁/销售)事宜,达成一致意见。为明确双方权利、义务关系,特签订合同如下,以资信守。

一、委托内容

(一)项目名称:____________________现场广告布置。

(二)展会地点:____________________。

(三)承办方式:乙方包工包料(制作和安装)、负责办理活动报批手续、运输。

(四)完成时间:____________________。

二、合同总价款及付款方式

(一)本合同单价、数量(见附件________),合同总价款为人民币________元整,大写

________，按实际验收结算。前述价款已包括用料、制作、安装、报批手续、运输等费用。

（二）甲方在本合同签订后________个工作日内向乙方支付合同总价款的________%，即人民币（大写）：________元作为预付款。

（三）甲方接到乙方的验收通知后________个工作日内，须组织代表对现场进行验收。甲方验收合格后按实结算，在甲方验收合格后________个工作日内一次性向乙方支付合同余款，即人民币（大写）：________元。

（四）以上付款甲方均以________方式向乙方支付，乙方在收到甲方上述款项的同时，应向甲方开具国内有效的等额有效成本发票，如乙方不能提供的，甲方有权拒绝付款。

三、制作要求及验收标准

（一）制作要求：详见附件________。

（二）验收标准：根据本合同制作要求的明细表，甲乙双方进行现场逐项验收，甲方应书面确认规格、数量、质量等是否与合同约定相符。如有临时增加、增加部分另列清单，双方签字并附上照片方可验收。

四、双方责任

（一）甲方应按合同约定付款。

（二）甲方应保证会场在会前________个工作日内处于可布置状态。

（三）乙方应在本合同第一条第4款约定的时间前将现场布置完毕。

（四）乙方完成现场布置后________个工作日内，乙方应通知甲方验收。

五、违约责任

（一）除不可抗力的自然原因外，甲乙双方应严格遵守本合同的各项条款，否则，违约方须承担违约责任。

（二）若甲方未按合同要求付款，每逾期一天按应付而未付金额的________‰向乙方支付违约金。

（三）如乙方的工作质量不能满足甲方的要求，应立即进行整改。乙方不能按合同约定之要求按时完成各项工作的，视为乙方违约。自乙方出现违约情形之日起，甲方有权每日按合同总价款的________‰向乙方收取违约金，并要求乙方重做。甲方有权直接在甲方应付的款项中扣除，违约金不足以弥补甲方损失的，甲方可继续向乙方追偿。同时甲方有权单方解除本合同，按本合同第七条第（二）款第1项执行。

六、权利、义务的转让

未经对方书面同意，任何一方不得全部或部分转让其在本合同项下的权利和义务。

七、合同终止和解除

（一）有下列情形之一的，合同权利义务终止：

1. 本合同已按约定履行完毕而自然终止；

2. 本合同经双方协商一致而终止；

3. 本合同因一方违约或因一方擅自转让本合同项下权利义务而终止；

4. 法律、法规规定合同终止的其他情形。

（二）因违约行为而导致合同终止后的处理：

1. 由于乙方违约造成本合同不能履行或不能全部履行的，如甲方认为本合同义务继续履行的必要或乙方在收到甲方要求其纠正违约行为的通知后仍不纠正其违约行为，则甲方有权向乙方发出解除本合同的书面通知，该通知自送达乙方时生效，乙方除承担本合同约定的违约责任外，另须按合同总价款的________%向甲方支付违约金，并赔偿由此给甲方造成的损失，甲方有权在甲方应付未付款中直接扣除，违约金不足以弥补甲方损失的，甲方可继续向乙方追偿。

同时甲方可以按其认为适当的条件和方式寻求救济（例如寻找本合同当事人之外的第三方履行本合同项下乙方应履行的义务），乙方应承担甲方因此而发生的费用。

2. 由于甲方违约造成本合同不能履行或不能完全履行的，如果甲方在收到乙方要求其纠正违约行为的通知后仍不纠正其违约行为，则乙方有权向甲方发出解除本合同的书面通知，该通知自送达甲方时生效，甲方应向乙方支付双方确认已完成工作量的款项，并按合同约定承担违约责任。

3. 守约方依据本款规定解除合同，并不影响其追究违约方的违约责任的权利。

八、特别保密条款

（一）未经合同对方书面同意，任何一方对本合同和各方相互提供的资料、信息（包括但不限于商业秘密、技术资料、图纸、数据以及与业务有关的客户的信息及其他信息等）负保密责任，并不得向任何人披露上述资料和信息，但正常履行本合同项下义务的除外。

（二）任何一方因泄密而导致合同对方遭受损失的，泄密方应按本合同总价款的______%向合同对方支付违约金，违约金不足以赔偿合同对方损失的，应按合同对方的实际损失赔偿。

（三）保密条款具有独立性，不受本合同的终止或解除的影响。

九、不可抗力

由于不能预见、不能避免并不能克服的原因，致使本合同不能履行或不能完全履行时，遇到上述不可抗力的一方，应立即书面通知合同对方，并应在不可抗力发生后15个工作日内，向合同对方提供经不可抗力事件发生地区公证机构出具的证明合同不能履行或需要延期履行、部分履行的有效证明文件，由合同双方按不可抗力事件对履行合同影响的程度协商决定是否解除合同，或者部分免除履行合同的责任，或者延期履行合同。

十、解决争议的办法

本合同履行过程中发生的与本合同有关的一切争议，双方应通过友好协商解决；协商不能达成一致意见的，任何一方均可向合同签订地的________人民法院提起诉讼。

十一、适用法律条款

本合同的订立、效力、解释、履行和争议的解决均适用中华人民共和国法律法规。

十二、其他

（一）本合同自甲乙双方签字并盖章之日起生效，合同执行期内，甲乙双方均不得随意变更或解除合同。

（二）本合同如有未尽事宜，经双方共同协商可签订补充协议，补充协议与本合同具有同等法律效力。

(三)本合同文本中经双方共同确认的手写项与打印项具有同等法律效力,如有改动,须双方共同于改动处盖章确认。

(四)其他约定:

(五)本合同一式________份,甲乙双方各执________份,均具同等法律效力

特别条款:在与本协议相关的任何洽商、谈判、协议签订、协议执行的各个环节中,如果乙方以任何非正当形式腐蚀甲方人员,则甲方有权立即终止本协议,并保留向乙方要求经济赔偿和追究法律责任的权利。

甲方:	乙方:
印章:	印章:
授权代表:	授权代表:
地址:	地址:
电话:	电话:
签订日期:　年　月　日	签订日期:　年　月　日

思考练习

一、填空题

1. 大型会议场地功能区规划,一般包含________、________、________、________以及________、________、________、________等。

2. 会议室布局形式主要有________、________、________、________以及________、________、________、________、________。

3. 大型会议的现场可能需要搭建一些临时性建筑结构,如________、________、________以及________、________等。

4. 常用于举办大型、超大型会议的布局形式是________、________、________等。

5. 常用于举办社交性会议的会议室布局形式是________、________。

二、简答题

1. 常用会议设备有哪些类型?

2. 简述主席台的布置流程。

3. 标识系统用于会场布置有何作用?

三、论述题

搭建工程的外包实施一般有哪些流程?

学习任务6 准备会议资料和会议用品

任务概述

在会议现场，需要对会议相关人员发放一些与会议有关物资，例如便于进行身份审核和确认的证件资料、用于信息发布的会议文件资料、为了辅助参会代表参与会议活动的文具和设备以及在会间提供的饮用水、纪念品等。以小组为单位，针对选题项目进行讨论，谈一谈会议现场需要使用哪些资料和用品，应该如何准备相关物资，并编制一份会议文件和会议用品清单。

任务目标

- 能根据会议具体需要设计和编制资料和物品清单
- 会根据会议资料和物品清单与相关供应商进行询价和采购

学习内容

会议的组织和举办需要使用到大量的会议资料和会议用品，需要在会前进行落实和采购。根据会议的具体需要，编制相关的需求清单，在会议资料和会议用品的采购实施前，应该以对会议相关人员的人数及构成的准确预测为基础，准备不足会影响会议举办的效果，准备过量会造成浪费。在采购前，应与相关供应商进行充分的沟通和询价，了解是否有免费政策或广告赞助机会，从而可以大大降低相关支出、增加会议收入。

图2－29 营销会议现场发放会议资料

图2－30 会场布置期间摆放会议资料

会议现场需要向会议相关人员发放或提供的常用资料和用品主要包括会议证件、会议文件资料、文具用品、专用设备、会议纪念品等。这些资料和用品通常采用两种方式发放，一是在注册后发放或领取；二是由工作人员在布置会场时直接放置于座位或桌面上。

图 2－31　文具和饮用水是会议最基本的用品

一、准备会议资料

在会议举办过程中，需要通过各种会议资料与相关人员进行信息发布和沟通反馈，以电子或者印刷的形式进行发送。因此，会前筹备的不同阶段以及会议现场，都需要收集、处理、编制各种会议资料，来协助会议筹备工作的推进、促进会议现场信息交流的效果、延伸会后的持续效应。

1. 常用会议资料

（1）针对参会代表发放的会议资料包（meeting kit）：会议资料包是指包含会议手册、演讲人名录、参会者名录、论文集或摘要、赞助商资料、当地旅游信息等多种会议资料的文件包。

会议手册（conference handbook；conference guide），即会议开始前编制，并在注册时向参会人员和媒体记者发放的，包含会议议程、演讲人简介、会场平面图、社交活动介绍等详细会议信息的印刷品。

会议论文集（conference proceedings），即对特邀报告人的论文或其他高质量的会议论文进行编辑整理而形成的重要会议文件。一般按形式分为论文全集和论文摘要集。

有时，会议资料包内页包含给参会代表发放的礼品。

（2）针对媒体人员发放的新闻资料包（press kit）：新闻资料包是指由会议主办单位、秘书处或授权的机构发放给媒体记者的包含所有会议信息的文件包，其中还包括只针对媒体人员发放的新闻稿（press release；release），即会议主办单位、秘书处或授权机构发放给媒体的用作新闻宣传的信息。通常以传真、现场散发、电子邮件、网站公示等方式发布。

（3）会议相关人员的资格类资料：出于安保和会议现场管理的考虑，还需要对相关人员发放证明身份和资格，例如会议证件、房卡、用餐卡、邀请函、请柬等。

图 2－32　传统形式的会议证件

会议证件是表明相关人员身份的证明性材料，最常用的是胸卡（badge），即会议期间进入会场区域或社交活动区域的人员佩戴的用于标示人员身份和权利的凭证。通常按贵宾、演讲人、参会代表、媒体、赞助商、工作人员等类别区分。

信息技术的发展，使得传统形式的证件逐步被电子产品代替，会议证件开始使用磁卡、IC 卡等形式，甚至可以通过二维码方式。此外，电子卡可以实现一卡通，涵盖所有相关环节的资格审核，因此可以大大节省相关的成本，也更加便于信息统计。

（4）针对嘉宾等发放的讲稿类资料：会议的开幕式、闭幕式、宴会等社交活动和仪式中，经常会设置议题之外的演讲、致辞等环节，需要在会前起草各类讲稿文件，提前发送给演讲和致辞嘉宾，并制作成书面文件，以备在会议现场使用。

开幕词（opening speech），是指重要会议或重大活动开始时，主办单位领导、会议主席、秘书长或会议主办单位邀请的贵宾向全体参会人员发表的讲话。

闭幕词（closing speech），是指会议结束时，主办单位领导、会议主席、秘书长或会议主办单位邀请的贵宾向全体参会人员所做的具有总结性、评估性和号召性的讲话。

（5）针对相关人员发放的调查问卷类资料：会议结束后，主办方和 PCO 会对会议的举办情况进行评估，而评估中所需要收集的反馈信息，其中有一部分是在会议举办过程中通过问卷形式得到的。因此，在会前需要准备大量的问卷调查资料，针对会议现场的各种类型的人员发放。针对每一个独立会议的问卷发放时间一般是在该会议开始前，并在该会议结束后回收。也有针对整个会期的问卷，在所有议程结束后回收。

（6）供现场工作人员使用的各类名单、表格和单据等：会议筹备和现场工作中，需要使用到大量的书面文件，如流程性表格、分组名单、各类登记表格、会务组成员通讯录、各种协议合同、各类单据等。这些资料可以便于工作人员在遇到相关问题和工作时迅速查找相关信息，提高工作效率。

（7）其他文件资料：根据会议的具体需要而编制的其他类型的文件资料，例如许多专业会议、大型会议有时也会编制参会人员名录，在现场供相关人员索取或出售；此外，广告商、赞助商的宣传材料等也可以涵盖在内。

会议资料是会议信息的主要载体，无论是对于参会人员还是对工作人员，都具有重要作用。

2. 会议资料准备的工作流程

（1）分析会议特点和性质：根据会议的特点和性质，确定需要使用和提供哪些会议资料，并确定每一类会议资料的数量、制作方式等。

（2）撰写相关文件和资料：根据会议工作的推进，撰写相关文件和资料。根据不同的时间阶段和工作进展程度，需要对文件和资料的内容和信息进行即时更新。

（3）认真校对相关会议文件：文件校对是文件印制工作前的重要环节。要求工作人员细致耐心、杜绝差错，保证各种信息的准确性。在此基础上还应保证文件结构的合理、文字的质量、视觉上的美观等要求。

（4）印制或复制相关文件资料：各类会议资料发放的范围和对象不同，具体的数量需求也不一样。通常，文本内容多、需求量大、并且具有对外发布类型的资料，需要由专业的公司和单位进行编辑、排版、设计、印刷和制作，例如会议手册、论文集等，这就又涉及到了印刷制作服务的外包。会议资料的印制数量，应比预期发放人数适当超出一部分。

(5)做好资料发放准备：会议资料的发放会直接影响到工作人员的工作效率以及会议相关人员参加会议的效果。资料发放应尽可能全面且不重复。因此，一方面需要准确掌握每一类资料发放的人员总数和具体名单；另一方面要确保发放到人。

同类资料可以以资料包、文件袋的形式打包发放，需要对不同文件资料进行汇总、清点、装袋。会议资料类目较多时，要印制“会议资料清单”，放在资料袋的首页，作为接收人员查收的依据。清单所列资料的顺序应尽量与袋中资料的顺序相一致，便于查收、使用。

个别资料需要一对一单独发放，需要对资料按照一定的方式进行编号，例如以姓氏笔画或姓氏拼音等形式对会议证件进行排序，以便发放时的工作效率。

会议资料需要在规定时间内提前发到相关人员手中。

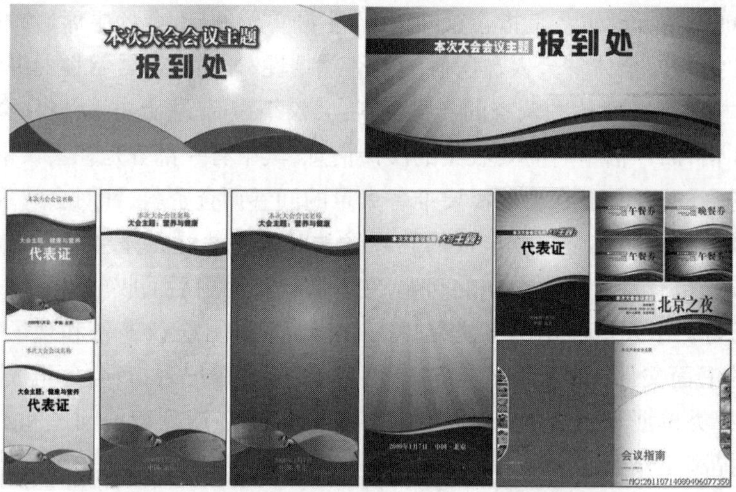

图 2－33　设计和制作风格统一的会议资料

知识补丁

印刷制作合同范本

甲方：

乙方：

甲乙双方依据《中华人民共和国合同法》及国家有关法律、法规的规定，在公平、平等、自愿、等价有偿、诚实信用的基础上，经友好协商，甲方委托乙方印刷制作________________，为明确双方权利、义务关系，特签订合同如下，以资信守。

一、印刷印刷品概况

印刷品的名称：____________________

规格、型号：____________________

计量单位：____________________

数量：____________________

单价：________________

合计总金额：________________

上述价格包括材料费、印刷费、印刷胶片输出费、包装费、运输费。

二、原材料的提供办法

由乙方依据本合同的规定选用原材料，并经甲方检验确认。

三、技术资料的提供及保密

（一）设计方案经甲方书面确认后，乙方负责印刷品的印刷制作。

（二）乙方在承印过程中对甲方提供的文件资料和各种数据、图片资料应严格保密，防止其内容泄露或扩散。乙方在完成制作工作后，应将各种资料完整返还给甲方，未经甲方书面许可，不得留存原件和复制品等。

四、交货时间和地点

（一）乙方送货，交货地点为________________

（二）交货时间：________________

五、运输方式和运费负担

运输方式为________________，运费由乙方承担。

六、质量要求、乙方对质量负责的条件和期限

（一）质量要求：

颜色：________________

纸张：________________

工艺：________________

后加工：________________

装订方法：________________

（二）乙方对质量负责的条件和期限（自________之日起算）：

（三）甲方委托乙方设计制作的稿件，甲方有权要求乙方提供最多不超过________次的样稿确认。在乙方提供第________次确认稿时，甲方应完成所有的确认修改工作。如因甲方原因在第________次确认稿后仍需要进行修改，甲方同意视修改内容额外支付每页不超过________元的改稿费用。

七、印刷品的包装标准和包装物的供应与回收

包装标准：________________

包装物为：________________，由乙方供应，货物交与甲方后不再回收。

八、验收标准、时间、手段、单位

（一）验收标准：按本合同规定的质量要求、设计方案、包装标准和双方共同认可封装的样品作为验收标准。

（二）验收时间：________________

（三）验收手段：由甲方随机抽检________________

（四）验收单位：________________

九、对印刷品提出异议的时间和处理办法

（一）甲方在验收过程中，如发现印刷品的品种、型号、规格、数量和质量不符合规定，应妥善保管，并在 个工作日内向乙方提出书面处理意见。

（二）如甲方未按本条第一款规定的期限提出书面处理意见，视为乙方交付的印刷品符合合同规定。

（三）乙方在接到甲方书面处理意见时，应立即做出书面答复，并在 个工作日内负责处理。

（四）如双方在验收过程中就本合同项下标地物产生异议或纠纷，双方同意由相关产品质量监督检查机关进行检验，费用由过错方负担。

十、结算方法及付款方式

（一）结算方法：

经甲方验收确认合格后以________（选择货币、支票等）形式按甲方拨款程序据实结算。

（二）付款方式：

1. 本合同签订后________个工作日内，甲方以________形式向乙方支付本合同项下总金额的________%作为定金。

2. 其余______%款项在乙方交货经甲方验收合格确认，并办理结算手续后一次性付清。

（三）每笔付款时，乙方须提供国内有效的等值成本发票，否则甲方有权拒绝付款。

十一、违约责任

（一）除属于不可抗力的自然原因以外，甲乙双方应严格遵守本合同的各项约定，否则违约方须承担相应的违约责任。

（二）乙方交付的印刷品印刷质量、数量、规格与本合同约定不符的，视为乙方违约，甲方有权拒绝验收。

（三）如甲方解除本合同的，乙方按合同终止和解除条款承担责任；如甲方同意乙方继续履行合同的，乙方应在甲方确定的期限内无偿进行更换，因此造成逾期交货的，乙方按逾期交货条款承担违约责任。

（四）交货数量允许正负________%的短溢装。如溢装的情况，甲方有权选择是否按合同单价接收 超装之货品。若甲方不接收，乙方不得擅自赠送他人或以任何价格出售，作其他客户印刷业务参考样本除外。

（五）如短装在________%之内，乙方须按合同单价从合同总价中扣除相应金额，但不另行补足数量。如短装在________%以上，甲方有权要求乙方补足所缺货品。

（六）乙方提供印刷品的质量未能达到本合同约定的质量要求和验收标准的，视为乙方违约。则乙方应以________%/天向甲方支付违约金，并负责重新制作至印刷品质量合格。

（七）乙方逾期交付印刷品的，每逾期一日，应按逾期交货部分货款总值的________‰向甲方偿付逾期交货的违约金，并承担甲方因此遭受的损失。

（八）未经甲方同意，乙方提前交货的，甲方有权拒收。

（九）甲方中途变更印刷品的规格、质量或设计等，给乙方造成损失的，应承担赔偿责任。

（十）甲方中途无正当理由解除合同的，应按未能履行部分的价款的________%向乙方偿付违约金。

（十一）甲方逾期付款的，每逾期一日，按逾期未付价款的________‰/天向乙方偿付逾期付款的违约金。

十二、权利、义务的转让

未经对方书面同意，任何一方不得全部或部分转让其在本合同项下的权利和义务。

十三、合同终止和解除

（一）有下列情形之一的，合同权利义务终止：

1. 本合同已按约定履行完毕而自然终止；

2. 本合同经双方协商一致而终止；

3. 本合同因一方违约或因一方擅自转让本合同项下权利义务而终止；

4. 法律、法规规定合同终止的其他情形。

（二）因违约行为而导致合同终止后的处理：

1. 由于乙方违约造成本合同不能履行或不能全部履行的，如甲方认为本合同义务继续履行的必要或乙方在收到甲方要求其纠正违约行为的通知后仍不纠正其违约行为，则甲方有权向乙方发出解除本合同的书面通知。

（1）该通知自送达乙方时生效，乙方除承担本合同约定的违约责任外，另须按合同总价款的________%向甲方支付违约金，并赔偿由此给甲方造成的损失。

（2）同时甲方可以按其认为适当的条件和方式寻求救济（例如寻找本合同当事人之外的第三方履行本合同项下乙方应履行的义务），乙方应承担甲方因此而发生的费用。

2. 由于甲方违约造成本合同不能履行或不能完全履行的，如果甲方在收到乙方要求其纠正违约行为的通知后仍不纠正其违约行为，则乙方有权向甲方发出解除本合同的书面通知，该通知自送达甲方时生效，甲方应向乙方支付双方确认已完成工作量的款项，并按合同约定承担违约责任。

3. 守约方依据本款规定解除合同，并不影响其追究违约方的违约责任的权利。

十四、特别保密条款

（一）未经合同对方书面同意，任何一方对本合同和各方相互提供的资料、信息（包括但不限于商业秘密、技术资料、图纸、数据以及与业务有关的客户的信息及其他信息等）负保密责任，并不得向任何人披露上述资料和信息，但正常履行本合同项下义务的除外。

（二）任何一方因泄密而导致合同对方遭受损失的，泄密方应按本合同总价款的________%向合同对方支付违约金，违约金不足以赔偿合同对方损失的，应按合同对方的实际损失赔偿。

（三）保密条款具有独立性，不受本合同的终止或解除的影响。

十五、不可抗力

由于不能预见、不能避免并不能克服的自然原因，致使本合同不能履行或不能完全履行时，遇到上述不可抗力的一方，应立即书面通知合同对方；并应在不可抗力发生后15个工作日内，向合同对方提供经不可抗力事件发生地区公证机构出具的证明合同不能履行或需要延期履行、部分履行的有效证明文件，由合同双方按不可抗力事件对履行合同影响的程度协商决定是否解除合同，或者部分免除履行合同的责任，或者延期履行合同。

十六、解决争议的办法

本合同履行过程中发生的与本合同有关的一切争议，双方应通过友好协商解决；协商不能达成一致意见的，任何一方均可向合同签订地的____________提起诉讼。

十七、适用法律条款

本合同的订立、效力、解释、履行和争议的解决均适用中华人民共和国法律法规。

十八、其他

（一）本合同自甲乙双方签字并盖章之日起生效，合同执行期内，甲乙双方均不得随意变更或解除合同。

（二）本合同如有未尽事宜，经双方共同协商可签订补充协议，补充协议与本合同具有同等法律效力。

（三）本合同文本中经双方共同确认的手写项与打印项具有同等法律效力，如有改动，须双方共同于改动处盖章确认。

（四）其他约定：____________________

（五）本合同一式________份，甲乙双方各执________份，均具同等法律效力。

特别条款：在与本协议相关的任何洽商、谈判、协议签订、协议执行的各个环节中，如果乙方以任何非正当形式腐蚀甲方人员，则甲方有权立即终止本协议，并保留向乙方要求经济赔偿和追究法律责任的权利。

甲方：	乙方：
地址：	地址：
电话：	电话：
授权代表签字：	授权代表签字：
（单位盖章）	（单位盖章）
签订日期：　　年　月　日	签订日期：　　年　月　日

案例分析

会议浪费现象调查:一场会材料摞起有6层楼高

日前,记者走进北京某饭店时,一个会议刚刚结束。饭店里的3名保洁员,正把没喝完的矿泉水倒进桶中,100多瓶矿泉水大都只喝了一点点,剩下的水装了3大桶。在北京西三环附近某酒店记者采访时发现,某行业的一个全国性会议刚刚开完,服务人员在清理房间时发现,厚厚的会议材料被许多代表随意丢弃,造成大量浪费。

每到年底,各种会议扎堆。在会议中像这样的浪费还有多少?会议材料该如何准备?如何发放?记者进行了调查。

算一算:会议材料摞起来有6层楼高

日前,北京某大学学生肖亮协助导师组织了一场大型会议。会议结束后,他最大的感受就是会议浪费严重。

会前,他们根据与会人数制作并印刷了200本大会手册,每本足足有200页,还准备了200份演讲人发言稿、几十张制作精良的大会宣传画。此外,协办单位也送来了整整3大纸箱的彩印宣传资料;一些演讲嘉宾还特别带来了其所在研究机构的简介,复印后发给与会人员。结果,每位与会者领取的资料,加上附赠的笔记本,摞起来足有10厘米高。这些材料如果摞起来,高度将超过6层楼!

大堆制作精美的会议材料只是“让会议显得很高端,体现主办方很重视”的举措的一部分。肖亮告诉记者,会场外还要布置大展板,“多远都能看得清的那种”;主席台背后是整面墙的大背板;座位上还要准备一瓶矿泉水、一支铅笔和一沓便笺纸。

然而,每一场报告结束后,会场上到处都是被丢弃的会议资料。最后一场结束后,更有许多人干脆把整个资料袋丢在会场。“这些东西最后都扔了。”肖亮可惜地说。

问及会议发不发材料时,饭店一名保洁员反问记者:“开会哪有不发材料的?”他说,最近一段时间,这里天天有会,差不多每场会议都会扔掉一大堆稿纸,还有的连会议材料都不带走,也只能扔掉。

“希望能制作多元化会议材料供代表选择,以减少会议纸张浪费。可以考虑电子会议材料。”一位女士告诉记者。

如何节约开会?肖亮说,大会手册做成电子版提前发送给参会者不是更好吗?如果嘉宾的发言稿和资料确有学术研究参考价值,主办方也完全可以在收集整理之后,以电子版的形式发送。至于主办单位的宣传资料、嘉宾的个人介绍,网络上都可以查到,不必专门印刷出来。

(资料来源:光明日报)

思考:

1. 形成会议资料浪费的原因有哪些?
2. 会议资料浪费有哪些负面影响?
3. 通过什么措施可以避免会议材料浪费?

二、准备会议用品

会议用品是为了确保会议的顺利进行、提高参会的效果所需的准备的、为参会代表等提供的、在会议现场消耗和使用的必要用品和工具。组委会所需的办公设备和物品等不在此范围内。会议用品一般包括文具类用品、设备类用品和其他用品。

1. 文具类用品

为了便于参会代表进行会议记录,会议现场基本上都会为参会代表配发笔、记事本、便笺纸、文件袋等文具类用品。

2. 设备类用品

会议的举办需要针对不同的会议活动形式使用到大量的设备。既有公用设备,例如会场使用的影音设备、灯光设备、灯光设备,舞台设备等;也有配发给个人使用的设备,如同声传译耳机、现场导览设备、笔记本电脑等;既有大型设备,也有小型设备;既有固定设备,也有可移动设备。这些设备有的是由会议场地提供,如会议室固定的影音设备,也有需要临时租用的,如演出设备等。在会前应多方沟通、论证,尽可能对相关设备的性能、价格等信息有充分的了解。

3. 其他用品

会议进行过程中,饮用水是必须提供的,既可以是瓶装水,也可以是现场茶水服务,此外还可以为参会代表提供湿毛巾、薄荷糖等。根据会议活动的形式,还可能需要使用到签到簿、胸花、鲜花、桌签、投票箱等用品;用于会场装饰的花卉、海报、横幅、地毯、气球等物品。总之,会议的具体需求不同,所需准备的具体物品也不同。

拓展提高

现代化的会议离不开各种辅助器材,在召开会议之前,就应该把各种辅助器材准备妥当。

1. 桌椅、名牌(现代高档会议室用桌面智能终端取代传统名牌)、茶水

桌椅是最基本的设备,可以根据会议的需要摆成圆桌型或报告型,如果参加会议的人数较多,一般应采用报告型,不需要准备座位牌,如果参加会议的人比较少,一般采用圆桌型,并且要制作座位牌,即名牌,让与会人员方便就座。但是为了提高会议的档次及满足现代会议的需要,一般采用能重复使用的桌面智能终端,推进无纸化的进程,真正体现绿色会议,智能会议的需要。

会议上的茶水饮料最好准备矿泉水,因为每个人的口味不一样,有的人喜欢喝茶,有的人喜欢喝饮料,还有的人喜欢喝咖啡,所以如果没有特别的要求,矿泉水是最能让每个人都接受的选择。

2. 签到簿、名册、会议议程

签到簿的作用是帮助了解到会人员的多少,分别是谁,一方面使会议组织者能够查明是否有人缺席,另一方面能够使会议组织者根据签到簿安排下一步的工作,比如就餐、住宿等。印刷名册可以方便会议的主席和与会人员尽快地掌握各位参加会议的人员的相关资料,加深了解,彼此熟悉。

3. 黑板、白板、笔

在有的场合，与会人员需要在黑板或者白板上写字或画图，从而说明问题，虽然视听设备发展得很快，但是传统的表达方式依然受到很多人的喜爱，而且在黑板或白板上表述具有即兴、方便的特点。此外，粉笔、万能笔、板擦等配套的工具也必不可少。

4. 各种视听器材

现代科技的发展带来了投影仪、幻灯机、录像机、激光指示笔或指示棒等视听设备，给人们提供了极大的方便。在召开会议前，必须先检查各种设备是否能正常使用，如果要用幻灯机，则需要提前做好幻灯片。录音机和摄像机能够把会议的过程和内容完整记录下来，有时需要立即把会议的结论或建议打印出来，这时就需要准备一台小型的影印机或打印机。

5. 资料、样品

如果会议属于业务汇报或者产品介绍，那么有关的资料和样品是必不可少的。比如在介绍一种新产品时，单凭口头泛泛而谈是不能给人留下深刻印象的，如果给大家展示一个具体的样品，结合样品一一介绍它的特点和优点，那么给大家留下的印象就会深刻得多。

6. 会标、背景板、展板

会标一般指会议名称和会议标语横幅。为强化会议效果，许多会议将会标美化、渲染为会议背景板（采用喷绘画面），特别是一些特殊的如党代会等，采用喷绘背景板，可将党徽、旗帜等喷绘在画面上，从而节约会议成本和准备时间。但采用喷绘写真画面时，一定要注意采用环保材料，否则喷绘写真画面散发的刺鼻气味不仅影响会议分为，对参会代表，尤其是主席台就座人员身体健康不利。为渲染会议或活动，会场内外放置展板是有效方法。

三、准备会议纪念品

主办方为了加强与会议相关人员之间的感情交流及商务关系、扩大会议的对外宣传等，可以准备具有纪念意义的礼品在会议结束后赠送，或在会场出售。会议纪念品一般都带有会议的特色标志、文字、图案以及主办单位名称等。

会议纪念品的选择应便于携带、体积不宜过大，不选择易碎品，还应具有一定的实用性和耐用性，外观精美、具有收藏价值和地方特色且不会触犯到不同文化的禁忌。

免费赠送的会议纪念品可以根据相关预算情况进行选择，也可以接受相关单位的赞助。

图2－34　2013成都《财富》全球论坛会议纪念品——变脸熊猫

案例分析

2013“成都礼物”出炉　45件作品脱颖而出

今天上午,2013成都礼物旅游商品创意设计大赛颁奖典礼在新会展中心4号馆举行,共有45件作品脱颖而出,分别获得了金、银、铜奖和最具创意、最具市场潜力以及优秀奖等多个奖项。

地域性实用性兼备,成都礼物档次提升

记者在现场了解到,此次参赛的作品都具备两个明显特点,第一是地域文化性。比如三国文化、憨厚的大熊猫形象、太阳神鸟、青城山、武侯祠……都被设计师纳入产品设计之中。第二是有实用性。雨伞、笔筒、水杯、钱包、丝巾等常见的产品都是设计的载体,移动电源、音乐电源、U盘……前沿的电子科技产品也被赋予了成都的地域文化元素。今年在作品里还出现了食品类别,如“诸葛酿”传统酿造食品系列、灵滋银耳等。

很多参赛者是为了大赛特地进行设计,广州礼至工艺品公司为大赛特地设计了景泰蓝工艺画;个人创作者陈国辉设计了“成都礼物”剪纸;深圳北虎电池科技公司把移动电源也添加了成都元素;深圳贝儿动漫设计的变脸熊猫,全手工打造,突出“礼、品成都主题”。

45件作品脱颖而出,蜀锦《老成都宽窄巷》摘金奖

蜀锦创意时尚系列手袋、“熊猫之城”礼物套装、灵滋银耳、变脸熊猫、蜀锦三折钱包、楠木匠鸳鸯对梳、方梳、熊猫长嘴壶茶杯垫、招财熊猫、mama杜甫草堂移动电源等10件作品荣获本次“最具网络人气奖”。经过多轮次紧张激烈的角逐,结合大众及专家严谨、细致、专业的评审意见,最终共有45件作品脱颖而出,囊括金、银、铜和最具创意、最具市场潜力以及优秀奖等多个奖项。

其中,3件金奖作品是来自四川梦虎的《成都礼物财富银条》、成都蜀派文化的《蜀锦》、刘锡渝的《中国戏画》,企业与个人均有斩获,充分表现了本届“成都礼物”大赛不拘一格揽创意的宗旨。

银奖作品共7名,分别是成都风雅堂文化的《锦里记忆—蜀国麻将》、《锦里记忆—三国争霸》共2件,成都蜀派文化的《丝巾》,深圳市贝儿动漫的《贝儿变脸熊猫》,成都市东方工艺美术厂的《川剧脸谱系列》,成都锦玛绣的《五子登科蜀绣精品》,桂林波尔卡服饰的《蜀锦创意时尚系列手袋》。

“川剧是一门艺术,变脸更是川剧的一大特色,当下年轻人都喜欢时尚可人的玩偶,为了更好地传承这一门艺术,并吸引年轻人的喜欢,所以我们把这两者融合起来。”深圳市贝儿动漫的《贝儿变脸熊猫》获得了大赛的银奖,其负责人李建平告诉记者,他本人非常喜欢川剧,更希望川剧被年轻人接手传承,这款产品的创意也来自川剧这门巴蜀地区的艺术瑰宝,希望年轻朋友们能在玩的同时享受这门传统艺术。

铜奖作品共9名,分别来自四川省礼品行业协会的《格物三合一移动电源(脸谱)》,

成都市新益通的《宣纸版》，绵竹市三彩画坊的《“迎祥纳福”手工布艺彩绘年画靠垫》，四川吕艺彩陶的《窑变黄河颂系列—中国红》，成都市古蜀蜀锦研究所的《张大千临摹敦煌壁画》，成都太阳神鸟文化旅游纪念品公司的《金沙水晶球系列》，成都信息工程学院的三人作品《青城山药王庙道韵倾城养生茶》，上海捷勇的《陶瓷风铃可爱小熊猫》，杭州净艺和环保的《炭雕蓝芙蓉》。

此外，大赛还评出了优秀奖10名，最具创意奖3名，最具市场潜力奖3名，最具网络人气奖10名，最受游客喜爱的旅游商品5名。

（资料来源：成都全搜索）

思考：

1. 会议纪念品有哪些作用？

2. 如何选择会议纪念品？

四、编制会议资料和物品清单

编制会议资料和物品清单，可以帮助会议主办方和组委会对相关物资情况有一个全面的了解，清单的形式并无严格的要求，只要能将所需物品的名称及数量，按照类型详细列出即可。

不同的会议所需资料和物品不尽相同，清单内容应尽可能周全，并根据会议筹备情况和进展随时进行修改和调整。表2-5为会议资料和物品清单范例。

表2-5 会议物品清单范例

序号	物品名称	具体要求	尺寸
1	背景板（纤维布或高密度喷绘布）	会议主题背景板	根据会场大小
2	面光灯（PA灯）	正常需要2组（8只）	根据会场大小
3	签到背景板	会议签到处背景板	500 cm×300 cm
4	来宾签名墙	留名、合影	根据会场大小
5	舞台	/	20 cm高度、40 cm高度、60 cm高度、80 cm高度
6	会议资料（设计印刷）	本场会议宣传介绍类	根据内容设计
7	会议手册（设计印刷）	尺寸各不同	正常A4大小
8	办公用品（资料袋、笔记本、笔等，可提供分装）	用于装会议资料的文件袋	大开A4
9	代表证、工作人员等	/	B7
10	指引牌	X展架 POP架	180 cm×80 cm 60 cm×80 cm

（续表）

序号	物品名称	具体要求	尺寸
11	温馨提示牌（设计、打印）	用于嘉宾客房内 主要内容：合肥近几天的天气和温度，提醒嘉宾适当穿衣等	正常规格
12	席卡（设计印刷）	/	正常规格
13	鲜花	桌花、演讲台花、宴会用花、胸花	/
14	签约本		A4
15	签约笔		/
16	洗漱包套装	里面放洗漱用品	/
17	礼仪小姐	迎宾、签约	/
18	会议礼品（或纪念品）	可根据客户要求提供	/
19	摄影（照相）	/	
20	摄像	摇臂、普通机型（流动+固定机位）	/
21	会议代表证、工作证		B7 或 A7
22	横幅	会议欢迎标语	宽幅 70 cm、90 cm
23	户外彩虹门	用于户外宣传造势	跨度 16 m、18 m、20 m
24	户外空飘球	用于户外宣传造势	1 号灯笼球
25	户外刀旗	用于户外宣传造势	标准尺寸
26	灯光音响	用于晚宴、晚会、庆典、年会等	根据具体需求

思考练习

一、填空题

1. 针对参会代表发放的会议资料包一般包含________、________、________以及________、________、________等资料。

2. 为了便于会议现场管理，需要发放一些证明身份和资格的资料，例如________以及________、________、________、________等。

3. 专门针对嘉宾等发放的资料一般包含________和________等。

4. 供现场工作人员使用的资料一般包含________、________、________以及________、________、________等。

5. 会议用品一般包括________、________和________。

二、简答题

1. 会议纪念品应如何选择?
2. 简述会议资料准备的工作流程
3. 如何编制会议资料和物品清单?

学习任务7 落实会场工作任务与人员分工

任务概述

各小组根据选题项目,针对会议现场的工作任务,设计会务工作小组,并进行人员分工。要求首先明确会议现场都有哪些具体的任务,每一项任务的工作描述或操作流程,在此基础上为会议现场工作设计一个临时的组织机构,根据需要设定不同的部门,确定每个部门工作范围和岗位设置,进而明确每个岗位的职责以及对岗位工作人员能力和素质的要求,最后为各个岗位配备数量合理、具备相应能力和素质的工作人员。

任务目标

- 能为中小型会议的会务工作进行任务分工和人员配备
- 会根据会议的具体特点为现场工作设计和组建会务工作小组

学习内容

会议筹备阶段的工作以策划组织和供应商联络为主,在这个阶段,针对参会代表的服务主要是远程方式的信息沟通为主,属于信息密集、智力密集型工作。因此会议筹备期工作基本属于"后台"工作,会议筹备工作的成效最终会通过会议现场的服务和管理全面呈现。

会期临近,参会代表陆续到达会议现场,会议服务工作进入"前台"阶段。与会前筹备工作相比,会议现场工作大多属于劳动密集型,需要调集不同组织的大量工作人员共同完成。对现场工作需要进行全面的任务分工、岗位培训和会前演练。

一、任务分工

会议现场的服务和工作分别有哪些、怎样完成、由谁完成应该以对现场任务的全面而详细的分析为基础。分析任务需要结合会议的规模、会议的相关规定、会议的议程、会议活动形式等因素综合考虑。

会前,需要根据会议的规模、议程安排、活动形式等,对会议现场的各项任务进行详细的描述,包括任务目标、工作流程、操作规范等。以时间为序编制一个任务清单,根据会议的日程和议程罗列每个时间段需要为参会代表、嘉宾、赞助商、媒体人员等提供哪些服务。对每一项服务的工作流程和操作方法等,进行详细说明。对于由供应商提供的外包服务,则应进行充分沟通,明确各个环节的工作衔接。

表 2-6 会场工作任务清单表

任务	完成时间	工作内容
管理会议物料	会期全程	内部会议资料(商务政策、协议、商务管理办法、价格配置表)礼仪、启动环节、颁奖环节(奖牌、礼品等物料)
签到、资料分发	会期全程	资料分装、前台签到、代表证、资料的分发、资料分发、会议注意事项的说明及告知,制作参会人员统计总表等
会场布展	会前一天	准备场地布置用物料,如会议室横幅、指示牌、X 展架等;跟进签到背景墙的搭建工作;跟进会场资料袋、参会须知、日程安排表、代表证、便笺纸、笔的分装和摆放等工作
会议内容 PPT 播放	会议全程	会场所有投影播放内容的准备和确认及跟进(包括每一个环节的不同 PPT 背景,赞助商代表发言的内容等),按会议流程进行电脑操作和文件播放。录音笔、激光笔、会议用电脑的准备。领导主持词、领导讲话和政策解读发言时的电脑操作和文件播放,现场提问的整理汇总并上报领导回复
会议记录	会议全程	会议记录、录音、整理
会前人员到位确认	会前 30 分钟	启动仪式嘉宾、赞助商、发言人员提前通知及确认是否就座
会场的布置	会前 1 小时	现场布置:主背景、X 展架、各节音乐、话筒、启动球、冷焰火、讲台鲜花、讲台 LOGO 贴、横幅、矿泉水、席位卡、席位标贴、奖牌、颁奖支票等
会场的流程跟进	会议过程	制作会场座次图、负责全程会场的跟进
会场整体确认	会前半小时	会场的确认(席位卡、矿泉水、纸、笔的摆放、横幅、指示牌、X 展架的摆放,席位卡的提供)、投影仪及话筒的调试、席位摆放要求
会场摄像	会议过程	整场会议的摄像拍摄及后期整理保存保管及公司网站上传
会场摄影	会议过程	整场会议的拍照及后期整理保存保管及公司网站上传
会场特邀嘉宾引导	会议过程	嘉宾休息安排及行程安排(休息室)
会场贵宾引导	会议过程	贵宾休息安排及行程安排(休息室)

任务明确后,将每一项任务指定总负责人、分配工作人员,并编制分工表。

表2－7　　会务分工表范例

工作模块	工作任务	具体内容	责任人	时间节点
第一天				
会场	检查会场情况	桌椅摆放;桌面文具及资料摆放;横幅悬挂;欢迎牌、指引牌、座位牌、茶水、礼品是否到位		6:30～8:00
设备	设备就绪	检查会议使用电脑、投影设备、音响设备、网线等是否就绪		
会场引导	会场引导	引领或指引会议相关人员到达会议室就座		8:20～8:40
电脑与网络	电脑使用协助	查看会场中携带笔记本人数,是否需要充电器,网线等,通知物业管理处接待人员协助		9:00～11:30
茶水	茶水供给到位	接待人员负责现场倒茶、饮水机到位		
摄影	摄影把关	与摄影人员沟通场景拍摄,照片效果把关		
	现场抓拍	用自备数码相机抓拍会场情况		
专家会议	会议记录	录音笔录音,人员现场记录		
麦克风	会场麦克风传递	若台下代表需发言,明确麦克风传递负责人		
会后清理	清洁整理会场	恢复会场卫生、设备设施维护、是否有物品遗漏		11:40～12:00
午餐	就餐地点指引	带领参会代表到达A酒店中餐厅就餐		11:40～12:00
会场、设备准备	设备就绪、会场状况	设备复查,会场布置		12:40～13:10
会场引导	经理会议指引	指引会议相关人员到达会议室		13:20～13:40
电脑与网络、茶水、摄影、会议记录、麦克风	会议过程开展	同上午会议过程		14:00～17:00

（续表）

工作模块	工作任务	具体内容	责任人	时间节点
会后清理	清洁整理会场	恢复会场卫生、设备设施维护、是否有物品遗漏		17:10～17:40
晚宴	就餐地点指引	带领参会代表到达A酒店宴会厅参加晚宴		17:10～17:30
观看表演	组织人员上车	联系车辆到位，负责人带领人员上车		19:00～19:20
	观看表演	组织入座、紧急情况处理、组织出场		20:00～22:00
	组织人员返程	车辆、人员到齐，安全送达A酒店		22:10～22:30
第二天				
专业考察	组织人员上车	联系车辆到位，负责人带领人员上车		7:50～8:10
	参观A企业生产车间及园区	与A企业方面负责人合作组织参观		8:30～11:00
午餐	就餐地点指引	带领参会代笔到达B酒店中餐厅就餐		11:00～11:20
参观	组织人员上车	联系车辆到位，负责人带领人员上车		12:30～12:40
	参观B企业生产车间及园区	与B企业方面负责人合作组织参观		13:00～14:30
	组织返程	组织人员结束参观、安全送达会场		14:50～15:20
会议闭幕活动	布置闭幕会场	设备、条幅、桌椅设施座位牌等		14:00～15:00
	摄影、照相、茶水、会议记录	人员仍按第一天安排		16:00～17:00
会场收拾	清洁整理会场	恢复会场卫生、设备设施维护、是否有物品遗漏		17:10～17:30
闭幕晚宴	就餐地点指引	带领参会代表到达A酒店宴会厅参加晚宴		17:10～17:30

在大型会议中，会期时间要远远短于会议筹备时间。因为会议期间所需要的各种资料、物品、设备、场地布置、人员接待方案等，都是筹备期的工作，而一旦会议开幕，前期的大量工作将在相对较短的时间内全面落实，会议现场工作阶段，既是对会前计划的落实，也是一种检验。

案例分析

博鳌亚洲论坛年会四千余嘉宾接待工作准备就绪

博鳌亚洲论坛2014年年会期间海南省接待人数总计约4 630人，年会共征集接待人员400余人（其中志愿者290多名），接待司机700名，接待车辆约700辆，目前所有接待人员均已到位并进行了多次培训。“今年将通过改进穿梭巴士方案、采用GPS定位导航技术等手段，把代表往返会议场地的交通安排得更为科学、合理、便捷。”

据了解，在酒店保障方面，今年使用的接待酒店共有17家，其中三亚5家，万宁2家，琼海和博鳌10家，目前已与每家酒店多次沟通并作具体业务指导，提出整改意见和建议。

今年论坛的安保工作准备有条不紊。安全保卫上，海南省公安部门加强统筹协调，以面保点、整体防控，强化应急处突、快速反应能力，严密安保部署，确保相关活动安全顺利；医疗卫生安全上，统筹调度全省力量，做好保障工作；安全生产方面，已制定海南全省安全生产综合保障工作方案，确保会议期间的供水、供电和通讯的顺畅安全；食品安全上，专门增设食品安全组，选定10家供应商为论坛酒店提供服务。

据悉，今年博鳌亚洲论坛策划组织海南主题活动共13项，包括海南形象展示、百姓代表全程参与论坛年会相关活动、《关于发挥侨务资源优势促进海南国际旅游岛建设战略合作框架协议》签约仪式、博鳌公共外交基地签约仪式等活动。

从4月7日中午开始，海南省的机场接待中心、酒店服务中心陆续开放，进入实战阶段。

（资料来源：中国新闻网）

思考：

1. 会前筹备阶段选择供应商需要考虑哪些因素？
2. PCO在会议期间的主要工作是什么？

二、岗位培训

会议现场服务阶段属于劳动力密集型工作，可能会涉及大量的临时调动人员和临时聘用人员，需要结合会议各岗位的工作内容、工作流程等，对工作人员进行岗前培训，培训的内容既包括业务技能，也包括信息沟通方式的统一要求以及各岗位注意事项的提醒等。

案例分析

成都财富全球论坛志愿者如何炼成?

2013成都财富全球论坛进入"倒计时"。记者2月19日从成都团市委获悉,目前已有1.5万余人报名参加财富全球论坛志愿者的选拔。

高端会展活动对志愿者服务有着更高的要求。成都团市委志愿者工作部部长颜明说,根据会展内容的不同,志愿者需具备一定的专业性、技能性。

大专院校学生成主力

四川师范大学学生郑睿用"过五关斩六将"来形容自己成为志愿者的经历。

他通过学校推选的方式,连续参与了农产品交易博览会、世界小姐大赛两次大型展会活动的志愿者服务。"学校先筛选简历,再进行面试,仅这两关,就要刷掉三分之二的报名人员。"

通过学校推荐后,郑睿还要到成都团市委参加笔试。"笔试的内容包括志愿者的理念、会展的相关知识等,因为我做了大量前期功课,笔试顺利通过。"但团市委的再次面试环节,着实让他捏了把汗。由于郑睿选的是接待岗位,英语的口语表达十分重要,"感觉对手都能说会道,有个口语特别好的同学,闭着眼睛听他说话,就跟老外一样。"最终,郑睿凭着不错的临场发挥获得志愿者"身份"。"大专院校的学生群体,是我们选拔会展志愿者的主要来源。"据颜明介绍,会展志愿者的选拔,不仅要考核参选人员的知识水平,更要观察他们的性格特点、应变能力,能否胜任高端会展活动的需求。

岗前培训添仿真环节

尽管已有两次展会活动志愿服务经验,郑睿仍然觉得,这不是一件容易的事情。"培训时,有礼仪老师传授礼仪知识,大到礼仪的五大基本原则,小到穿衣的细节,都有详细要求。"郑睿没想到,"一个接待岗位的专业训练也如此精细。""这是高端展会活动对志愿者的特殊要求。"成都团市委负责人表示,由于高端展会的嘉宾往往是国内外政府官员、专家学者,所以更要求志愿者礼仪周全、业务熟练。

除礼仪培训外,要担当成都的展会志愿者,还要接受相应展会的专业培训、岗位演练。据颜明介绍,团市委将根据每个志愿者将要从事的工作,有针对性地进行具体的业务培训;岗位演练是正式上岗前的一个彩排。"很多志愿者,之前练得挺好,结果彩排时一站起来,不是忘记迎客的正确手势,就是忘了自己应该走的位置等。"

为迎接即将到来的财富全球论坛,成都团市委正准备一个更加细致的培训方案。"预计将加入仿真演练环节,让志愿者们自己扮演各种角色进行模拟,这样能让他们在正式上场时更加得心应手。"

(资料来源:四川日报)

思考:

1. 高端国际会议志愿者选拔时关注哪些方面的因素?

2. 志愿者需要接受哪些方面的岗前培训?

三、会前演练

会前演练是对培训的延伸，以及对即将开幕前工作的最后检查，按照会议活动的流程，模拟现场各项工作的操作、对会议设施设备进行调试等，通过会前演练，检查岗位设置、人员分工、物资配备、设施性能等方面的问题，并及时进行调整，为会议开幕做好充分的准备。

在大型会议和高端会议中，会前演练非常必要。

图2－35　志愿者扮演 APEC 参会代表进行会前演练

案例分析

北京组织百余志愿者扮来宾演练 APEC 会议

为磨合 APEC 双部长会议流程，北京市政府相关部门昨日组织百余名志愿者，扮演参加会议的各国来宾，在国家会议中心按照正式会议的流程进行模拟演练。此外，包括首都机场等涉及会议全流程的多处地点，也进行了筹备工作的首次全程演练，包括参会代表抵离迎送、酒店入住、会议视听系统测试等多项内容。

会场备双份视听系统应急

“下面进入代表发言环节，需要发言的代表请按麦克风上的按钮。”主持人刚介绍完，不少“代表”就按按钮，麦克风随即亮起绿灯。昨日下午3点，在国家会议中心1层会议厅里，50多名志愿者围坐在会议桌前扮起来自 APEC 各经济体的与会代表，参与流程演练。

据了解，APEC 会议使用的麦克风和电视屏幕，均可实现自动追踪功能，代表如果需要发言，在按键后系统会根据按键顺序自动列出发言的先后顺序，轮到某位代表发言时，麦克风便被系统打开，上面的绿灯也会自动变红。同时，摄像机能实现影像追踪，代表发言时，其影像资料也将在大屏幕上显示。

演练还针对设备故障等进行应急演练。一位“代表”在发言时，麦克风突然故障，无法传出声音，而在5秒钟后，会场工作人员马上找到这位代表，并递来临时话筒，发言丝毫没有受到影响。

技术保障相关负责人表示，正式会议期间，后台将配备两台主机控制话筒，某一台出故障，另一台可继续工作，不会影响会议正常进行。

会议休息区专人把关菜品

在会议厅隔壁，一场针对会议期间的茶歇、餐饮服务的演练也在进行。

昨天模拟的是双部长会工作人员的午餐，为让客人高效享受到工作餐，同时考虑客人的不同需求，餐品以中西式菜品为设计，初步是6个品种凉菜、8～10种热菜、2种汤、2种主食（中西式涵盖，每餐会换，搭配进行）、甜品6～8种。

国家会议中心会议运营部总监伊蕾表示，食品总的安排上按照国际惯例进行搭配。对于饮食安全，此次APEC会议工商报备制度更加严格，此前已审核通过的供应商也要再次报备，最终产生指定渠道的供应商。

伊蕾强调，一些特殊的原材料或辅料更需要严格报备，食药监局对食品检疫通过后，供应商才可以给酒店方提供原材料。而从厨房到餐厅上菜这个过程都由厨师来完成，食品安全流程由厨师长统一管控。

正式会议前还将多次演练

伊蕾称，考虑到有些代表会有过敏源，但是又没法仔细询问，届时会把主食材、主配料都按中英文呈现打出来，来宾根据自己的口味和具体情况来选择。

此外，为保证每个代表正常休息进餐，如有需要，服务现场会安排专职服务员帮助客人来选择，并满足他的用餐需求。

除了国家会议中心，昨天在首都国际机场、APEC领导人会议周唯一注册点数字北京大厦、北辰洲际酒店和国家会议中心，也对高级别官员及普通与会代表抵离迎送流程、安保流程、酒店摆渡车流程等“三线四点”和人员和车辆集散、车辆停放及有关应急预案进行演练。

相关负责人介绍，演练结束后演练过程中出现的问题将进行细致总结，后续还将对会议全程进行多次演练，以保证会议顺利进行。

服务员服装展示“中国风”

国家会议中心会议运营部总监伊蕾透露，此次APEC会议期间的服务人员除去国家会议中心原有运营人数190人，还专门从学校招收了150名新员工，他们一到岗位就进行统一培训，在技能、涉外礼节礼仪方面都经过系统的准备，目前为APEC服务的工作人员约340名。

服务人员服饰将会进行统一的专门设计，大致方向是中西式搭配，其中中国元素主要体现在细节上，例如盘扣、领花、领带图案。服务人员服装会有所不同，整体设计均按照APEC整体视觉来呈现。

（资料来源：新京报）

思考：

1. 会前就哪些方面的工作进行了演练？

2. 会前演练有什么作用？

拓展提高

会前的筹备工作，在不同的阶段，都需要有明确的任务分工，编制任务分工表，将所有工作落实到人，并定期进行自查和反馈，对推进筹备工作有显著的作用。

表 2-8 会议筹备工作分工表

序号	工作内容		工作内容描述	责任人
一、会议内容管理				
1.1	□	确定会议议程		总负责人
1.1.1	□	确定大会名称		
1.1.2	□	确定大会主持人		
1.1.3	□	初定会议议题和报告人		
1.1.4	□	确定会议时间		
1.1.5	□	确定会议地点		
1.1.6	□	确定会议参观地点		
1.1.7	□	编制会议日程表		
1.1.8	□	确定会议邀请内外部对象		
1.2	□	布置会议报告		责任人 A
1.2.1	□	布置编写会议报告		
1.2.2	□	收集汇总报告内容		
1.2.3	□	布置秘书拟定主持人对报告的评价和汇总		
1.2.4	□	根据主题报告拟定分组讨论题目		
1.2.5	□	布置分组讨论的要求		
1.3	□	组织审议会议报告		总负责人
1.4	□	确定会务筹备组人员		总负责人
1.4.1	□	确定会议报告布置和会议成果总结人(责任人 A)		
1.4.2	□	确定会议预算编制和结账人(责任人 B)		
1.4.3	□	确定内部名单编制人(责任人 C)		
1.4.4	□	确定嘉宾、领导邀请人(责任人 D)		
1.4.5	□	确定会场布置人(责任人 E)		
1.4.6	□	确定特殊人员交通交通(责任人 F)		
1.4.7	□	确定租赁车辆调度(责任人 G)		
1.4.8	□	确定住宿房间安排(责任人 H)		
1.4.9	□	确定宴会安排人(责任人 I)		
1.4.10	□	确定娱乐活动安排人(责任人 J)		

（续表）

序号	工作内容		工作内容描述	责任人
1.5	☐	会议成果总结		责任人 A
1.5.1	☐	会议影像资料收集整理		
1.5.2	☐	会议分组讨论资料汇总		
1.5.3	☐	会议要求的总结		
1.6	☐	会议精神推广		总负责人
1.6.1	☐	确定会后学习的内容和方式		
1.6.2	☐	会后学习、工作任务布置		
1.6.3	☐	会议学习、工作成果收集汇总		
1.6.4	☐	布置会后工作计划跟踪责任人		
1.6.5	☐	组织评估会后工作完成情况		
二、会务管理				
2.1	☐	编制会议预算费用		责任人 B
2.1.1	☐	收集各项活动需要的费用信息		
2.1.2	☐	根据会议各项活动信息编制并调整会议预算		
2.1.3	☐	按照会议进度核对服务内容并结账		
2.2	☐	确定参加会议的内部人员		责任人 C
2.2.1	☐	根据会议议题确定参加会议的内部人员名单		
2.2.2	☐	准备会议通知		
2.2.3	☐	通知参加会议人员或发邀请函		
2.3	☐	确定参加会议的领导和嘉宾		责任人 D
2.3.1	☐	确定参加会议的领导名单和嘉宾名单		
2.3.2	☐	准备邀请函		
2.3.3	☐	正式邀请领导和嘉宾，收集反馈		
2.4	☐	会议地点确定		总负责人
2.4.1	☐	确定主会场、分会场数量、选择 VIP 休息室		
2.4.2	☐	确定各个会场的人员		
2.4.3	☐	确定各会场记录人员		
2.5	☐	会议现场考察		总负责人
2.5.1	☐	安排现场考察的时间，召集考察人员		
2.5.2	☐	签订会场合同		
2.5.3	☐	考察住宿地点，确定 VIP 住宿		

（续表）

序号	工作内容		工作内容描述	责任人
2.5.4	□	确认各房间类型所需数量		
2.5.5	□	签订住宿合同		
2.5.6	□	考察就餐地点,确定主桌名单		
2.5.7	□	签订餐饮合同		
2.6	□	交通方案确定		总负责人
2.6.1	□	租赁巴士		
2.6.2	□	铁路		
2.6.3	□	航空		
2.6.4	□	水路		
2.6.5	□	出租车		
2.6.6	□	公共交通		
2.6.7	□	自驾车		
2.6.8	□	签订租赁合同、票务工作安排		
2.6.9	□	其他		
2.7	□	现场工作人员		总负责人
2.7.1	□	确定会场布置人(责任人 E)		
2.7.2	□	音响师		
2.7.3	□	摄影师		
2.7.4	□	摄像师		
2.7.5	□	灯光师		
2.7.6	□	电脑演示人		
2.7.7	□	设备紧急维修人		
2.7.8	□	礼品看护人		
2.7.9	□	停车场车辆引导人		
2.7.10	□	餐厅路线引导人		
2.7.11	□	VIP 车辆停车引导		
2.7.12	□	VIP 导引人员及路线选择		
2.7.13	□	宴会主持人		
2.7.14	□	汇总会议工作人员名单		
2.8	□	会场布置		责任人 E
2.8.1	□	会标及指示牌制作		

（续表）

序号	工作内容	工作内容描述	责任人
2.8.2	□	制作与会人员席卡、证件(含吊绳)、代表证	
2.8.3	□	会场摆放布置:主席台、听众席、签到台、盆花	
2.8.4	□	印刷、装订、分装会议资料	
2.8.5	□	茶歇安排	
2.8.6	□	准备奖品、礼品清单,选择礼品堆放点	
2.8.7	□	准备矿泉水、双面胶等自备的会务用品清单	
2.8.8	□	准备供应商提供的物品清单,如文具用品等	
2.8.9	□	制作宴会席卡	
2.8.10	□	物品清单汇总、包装、运输	
2.8.11	□	现场音响设备确认	
2.8.12	□	现场摄影摄像设备确认	
2.8.13	□	现场灯光确认	
2.8.14	□	现场演示电脑位置确认	
2.8.15	□	现场信号线确认	
2.8.16	□	现场播放设备确认	
2.8.17	□	现场录音设备确认	
三、行程安排			
3.1		特殊人员交通交通	负责人 F
3.1.1	□	领导、嘉宾用车辆安排	
3.1.2	□	备用车辆安排	
3.1.3	□	会议工作人员车辆安排	
3.1.4	□	领导、嘉宾餐后车辆安排	
3.2	□	租赁车辆调度	负责人 G
3.2.1	□	行驶路线、时间、集合地点安排	
3.2.2	□	安排车辆清点人数	
3.2.3	□	停车场地确认	
3.2.4	□	其他参观活动车辆安排	
3.3	□	住宿房间安排	负责人 H
3.3.1	□	制定住宿房间清单	
3.3.2	□	制定协调住房安排	
3.3.3	□	确认入住手续	

（续表）

序号	工作内容		工作内容描述	责任人
3.3.4	□	收发房卡		
3.4	□	宴会安排		负责人 I
3.4.1	□	确定参加宴会人数		
3.4.2	□	就餐餐时间确认		
3.4.3	□	准备自备的食物清单		
3.4.4	□	VIP 驾驶员餐饮安排		
3.4.5	□	宴会音响话筒效果确认		
3.4.6	□	节目安排(领导发言、表演、抽奖活动)		
3.4.7	□	背景音乐选择		
3.4.8	□	上菜时机控制		
3.5	□	娱乐活动		负责人 J
3.5.1	□	娱乐场所确定		
3.5.2	□	娱乐场所饮食、服务人员、服务项目预先收集		
3.5.3	□	舞厅灯光、歌厅音响确认		
3.5.4	□	歌厅、舞厅座位调整		
3.5.5	□	节目安排(领导发言、表演、抽奖活动)		

思考练习

一、简答题

1. 简述会前筹备工作的特点。
2. 简述会前培训包含哪些内容。
3. 简要说明会前演练对大型会议的作用。

二、实训题

各小组将选题项目的会前筹备工作进行梳理和总结，为现场工作进行任务分工。

单元要点归纳

会前筹备工作的内容主要包括会议议程的拟订、会议通知的发送、会议场地的选择和布置、会议资料和用品的准备、参会代表的分组、落实任务与分工等。

会议议程是“载有会议时间、地点、议题、演讲人、社交活动等会议安排的程序表”。

会议通知是“将会议的各种相关信息以广告页、宣传册、通讯报道、电子邮件或网页等形式公开发布,以吸引潜在会议参加者参加会议的一种会议宣传形式”。会议通知可以采用口头传达、电话通知、电子邮件、书面材料等方式,其中以书面材料形式的会议通知最为普遍采用。会议通知的内容包括会议的基本信息、流程性信息、相关配套服务信息、咨询联络的方式等。书面会议通知可以根据具体需要采用多种形式,在结构上通常包括标题、称谓、正文、落款、附件等内容。发送会议通知应选择恰当的发送时间、锁定有效的发送对象、采用多种信息发送方式、会议通知中附回执等技巧,信息化技术的发展、信息工具的普及,为会议通知的发送带来了更多的方法、途径,降低了会议通知的成本,也取得了更好的效果。

对会议相关人员进行分组,可以明确每一个阶段、每一项会议服务的服务对象及数量。在大型会议中,常采用按照会议议题分组、按照到会时间分组、按照语言分组、按照服务需求分组等方式。确认和分析会议相关人员的信息,是进行场地、客房、餐饮、车辆、物资等预订、采购以及人员、设备配备等筹备工作的前提。运用表格工具、按照不同的项目和指标,对会议相关人员进行统计和分组会大大提高工作的效率。

在国际会议的举办过程中,会议举办地的选择,首先是指国家、城市的选择。大型国际会议选择会议举办地时应从经济、文化、政治等多方面综合考虑。场地是会议最重要的基础硬件,选择与会议相匹配的场地,既可以提高办会效果,也可以节省办会成本。会议场地的选择应当从会议的目的出发,结合会议的各项指标和需求,进行反复的评估、选择、谈判和考察等工作。会议场地一经确定,就应尽快与场地提供单位和企业签订合同,约定双方的权利与责任。

会议现场布置既要实现各种不同议题讨论、不同会议活动开展的基本功能,还需要具备接待、社交、表演、展示、宣传等功能。因此,会议现场布置不仅仅是指会议室的布置,而是包括所有会议活动场地在内的各种功能区域的规划、布置、设备以及环境装饰。会议室是会议活动中最主要的场所。根据会议的规模、形式、内容等,可以采取不同的会议室布局形式,即剧院式、教学式、中空型、U 形、董事会式、鱼骨型、阶梯型、宴会型、酒会型、异型等。大型会议的现场可能需要搭建一些临时性建筑结构,如展位、展架、主席台、舞台、背景架等,这些工程项目,通常需要由具有相应资质的专业公司来实施,并在会议期间进行现场维护。会议设备的类型、数量、档次的选择和配备,可能包含大量的技术参数、标准数据等,需要由具备会议设备相关专业知识和经验的工作人员来实施。会场环境布置可以为会议现场营造特定的氛围。

在会议现场,需要对会议相关人员发放一些与会议有关物资,编制会议资料和物品清单,可以帮助会议主办方和组委会对相关物资情况有一个全面的了解。

会议筹备阶段的工作以策划组织和供应商联络为主,在这个阶段,针对参会代表的服务主要是远程方式的信息沟通为主,属于信息密集、智力密集型工作。因此会议筹备期工作基本属于“后台”工作,会议筹备工作的成效最终会通过会议现场的服务和管理全面呈现。

第三单元　会议现场服务与管理

单元概述

会议现场服务是对会议计划和筹备工作的执行和实施。会议期间，每一项服务和工作的开展都是为了保证会议议程的顺利完成。临近会期，需要在短时间内完成参会代表的接待工作，为会议开幕做好准备；会议期间，各会场和会议活动都需要有工作人员在场，提供相关服务；此外还有辅助性的餐饮服务、住宿服务、交通服务、咨询服务等，需要一一落实。在此期间，需要保证各项设施设备的正常运转、关键人员的准时到达、各项活动按照计划的时间和预期效果顺利推进。

单元目标

- 能制订接站服务计划并组织实施；会使用特定设备、工具，运用相关信息进行会议现场注册工作
- 能根据会议要求安排和落实会场服务，会为每一项会场服务制定服务流程和标准
- 会根据会议的具体情况，提出会议配套服务方案并落实
- 能与相关的会议服务供应商，沟通、协调、解决相关服务问题

学习任务1 会前接待

任务概述

各小组为选题项目制定一个会前的会场接待方案，讨论现场会有哪些人员、分别什么时间入场及怎样入场、是否需要会前接待或引导、是否需要进行签到及怎样签到、是否需要分发资料及如何发放等。为了完成会前接待工作，需要怎样安排工作人员的任务。

任务目标

- 能根据接站信息表制定接站计划并组织实施接站服务
- 会使用特定设备、工具，运用相关信息进行会议现场注册工作

学习内容

一、接站服务

接站服务是通常是与参会代表面对面服务的第一个环节，接站服务做得好，可以方便参会代表的线路规划、节省时间和精力、为会议开幕做好充分准备。大型会议的接站工作量较大，需要调用大量人力、物力，做好统筹安排。

1. 接站工作准备

（1）准备包括姓名、性别、航班（车次）号、到达时间、接站地点等详细的信息表；

（2）根据接站人数、接站地点、接站时间分布、接站后目的地等信息配备车辆的型号和数量，并对每一辆车进行编号、规定路线和发车时间、目的地等；

（3）对接站工作进行分工，明确工作人员负责指定地点的指定参会代表；

（4）制作统一的、画面尽可能醒目的印有会议信息的专门接站标识牌；

（5）对相关人员进行必要的培训。

在安排接站工作时，接站信息表是最主要的参考数据，可以了解每一个接站地点、每一个时间段的接站对象人数，从而统计出人流量及时间分布，从而安排车辆调度。会议接站表应首先根据接站地点进行分组，再通过到达时间排序、以航班号或车次号为单位划分参会代表。

表 3－1　　会议接站信息表(XX 机场)(普通)

到达时间	航班号	参会代表信息				接机车辆编号	接机情况确认
		姓名	性别	联系方式	目的地		
××	××	×××	男		A 酒店	2	√
		×××	女		B 酒店	3	√
		×××	男		会场	1	√
		×××	男		会场		机票改签
		×××	男		B 酒店	5	√
×××	×××						

案例分析

参会嘉宾抵昆　亚洲航线发展大会即将启幕

民航资源网 2015 年 3 月 14 日消息:3 月 14 日,距离第十三届亚洲航线发展大会启幕还有 1 天,云南机场集团、昆明长水国际机场也进入了迎接嘉宾抵昆的高峰期。据了解,14 日,绝大部分嘉宾陆续乘飞机抵达云南昆明。他们中,有来自新加坡、加拿大、巴基斯坦、法国、泰国、英国、马来西亚、印度尼西亚、缅甸、老挝、澳大利亚、新西兰、柬埔寨和土耳等国家的嘉宾,有来自内地北京、天津、山东、深圳、贵州、浙江及台湾、香港地区的嘉宾。

中外嘉宾陆续抵昆,昆明机场热情迎接

云南机场集团的工作人员在长水机场航站楼到达大厅和空港百事特设立了亚洲航线发展大会接机专用柜台,40 余名志愿者及机场员工身着民族服装,在国内、国际、VIP 到达等区域为嘉宾们提供会务、翻译、问讯和引导等服务。此外,志愿者还积极参与到陪同外宾考察石林旅游项目中,为参会嘉宾提供翻译、问询等服务。本次航线大会吉祥物"融融"的扮演者黄木委和韩嘉,从 13 日早晨 6 点到 14 日凌晨 2 点,连续 15 个小时穿戴工作服,迎接远道而来的宾客,给宾客们带来了温暖和欢笑。

埃里布瑞克是 1 名来自丹麦的航空业务部的经理,他本次跟随公司总经理考察云南各大机场航线情况以及市场开拓情况。"早就听说昆明长水国际机场是一座建立在红土高原上的宏伟建筑,下了飞机后,看到这座在中国国内单体建设面积最大的航站楼而感到吃惊,惊叹中国人民的智慧结晶。航站楼里独具特色装饰让神秘的云南昆明更具吸引力,工作人员的热情服务也给我留下了深刻的印象。"埃里布瑞克激动地说。

据了解,13 日至 14 日,云南机场集团、昆明长水国际机场已完成 800 余名国内外民航界嘉宾接机入住工作。15 日，各国参会嘉宾将进行为期 3 天的会议洽谈。

（资料来源：民航资源网）

思考：

1. 会议接站服务的作用是什么？

2. 会议接站有哪些基本要求？

2. 接站工作实施

（1）提前到达指定接站地点，选择便于通达的停车位。

（2）根据接站信息表，随时关注航班、车次的到达情况。

（3）在站点出口处醒目位置设置、摆放接站标识牌。

（4）出站人流到达时，对上前询问的人员进行信息确认。

（5）在接站信息表中找到参会代表信息，再次进行确认。

（6）参会代表身份确认后，对其到会表示欢迎，并引领至接站车辆安排就座。

（7）对参会代表说明目的地并确认无误后安排发车。

图 3－1　大型会议会场引导员

3. 接站服务注意事项

（1）着装整洁，必要时应统一着工作装、佩戴会务工作专用证件或绶带等以便更加醒目、更易辨识。

（2）接站人员具备良好的仪容仪表，保持热情、耐心、周到的服务态度。

（3）接站人员分工明确，每一个关键地点应保证随时都有工作人员在场，以防发生漏接的情况。

（4）所有人员都需要配备接站信息表；工作交接时及时确认信息表，保持信息同步。

（5）国际会议的接站工作，应根据参会代表的国籍，配备会使用相应语言完成接站交流的人员在场。

（6）为了提高接站服务的满意度，可以在接站地点设置简易的工作台，提供茶水、饮料、毛巾等供参会代表缓解旅行疲劳。若条件允许，对贵宾、领导开设抵迎的专用通道与休息室。

（7）对重要嘉宾等特殊人员提供的接站服务需要事先确定接待规格，可能需要安排专人专车实施，使用印有嘉宾姓名的专用接站牌，并准备鲜花、横幅等物品以表示重视。

接站政府官员则需要详细了解相关的规定，选择恰当的接站服务标准。乘车时须按照职务、身份等合理安排座位。

（8）接站后的目的地，应视具体情况而定。如果参会代表的住宿和会议在同一地点，则直接送至会场。如果会议地点和住宿地点不在一起，则可以征求参会代表意见。为了方便参会代表，大型会议也会在选定的住宿地点设置注册台。

二、现场注册

没有进行早注册的参会代表到达会议现场后，首先需要通过现场注册来确认参会资格并获取参会所需的资料和物品等。而已经进行早注册的参会代表则需要在注册台完成报到级会议资料的领取。因此会议现场注册是参会代表抵达后，接触到的第一个会议活动，能否从一开始就给参会代表们留下良好的印象，现场注册工作的服务和管理起着直接的作用。

案例分析

主席率先注册，盛赞史学大会 Logo 漂亮

第22届国际历史科学大会召开在即，参会人员陆续抵达山东大厦注册参会。21日上午9点，国际历史学会主席玛丽亚塔·西塔拉作为参会人员第一个注册，这意味着大会注册程序正式拉开帷幕。据了解，西塔拉主席一行于20日晚抵达济南入住山东大厦。提前到达后，她将在会前与中国史学会会长张海鹏等进行会谈，就大会期间有关内容进行交流。

21日下午记者在山东大厦采访时看到，已经陆续有不少国内外学者注册参会。在一楼的注册报名处，工作人员细致介绍了学者进入大厦后的引导流程，现场分设中外嘉宾注册区、综合服务区以及休息区，将有6个服务窗口同时接受注册，来自各学院英语水平较高的学生志愿者以及十余位工作人员为与会学者提供服务。

在一楼注册区域采访时，记者与西塔拉主席在大厅“偶遇”。西塔拉主席是芬兰坦佩雷大学历史系教授，她身穿白色衬衣与花色中裙，虽然头发略有些花白，不过戴着眼镜的她看起来流露着优雅知性，谦和的笑容拉近了和交流者的距离，只让人想到“平易近人”这个温暖的词语。

本届大会形象标识由祥云、汉画像车马、ICHS以及2015 JINAN CHINA构成。祥云体现中国元素，汉画像车马寓意历史的车轮，CHS为国际历史科学大会的英文首个字母缩写，2015 JINAN CHINA表明了举办地点与时间。看到这个Logo时，西塔拉教授盛赞“我从未看到过有像22届国际历史科学大会Logo这么漂亮的标识。”作为一名女性历史学家，她认为图中汉画像车马上坐着的应该是一男一女。在大厅里与山东大学历史文化学院一名教授经过短暂交流后，西塔拉教授一行继续准备会前相关工作。

会议召开在即，目前，山东大学周围以及山东大厦周边随处可见大会召开的宣传性标语、标志。学校周边的花园路、经十路、山大北路及山大南路等主干道也制作了景观草坪、路牌等。山东大厦对面有醒目的国际历史科学大会 Logo 标志，进入大厦迎面可见欢迎牌。稍远一些，泉城公园东南角的花坛里，矗立起了庆祝大会隆重召开的景观设计，吸引了众多市民驻足观看。这些都提醒着济南这座城市的人们，史学大会马上来啦！

（资料来源：济南时报）

细节打造“山东印象”

备受关注的第22届国际历史科学大会今天就要开幕了。来自90多个国家和地区的2 000多名学者陆续抵达济南。大会的注册处设在山东大厦一层，专门为中外学者设立了两个注册处，10分钟就可以完成全部流程。大会志愿者也为参会学者实行了贴心周到的一对一服务。

（资料来源：齐鲁网）

思考：

1. 会前接待工作有哪些作用？
2. 怎样提高大型会议现场注册的效率？

现场注册工作的主要内容包括组织参会代表填写参会注册表、收取会议注册费和发放会议材料。

1. 参会代表填写参会注册表

参会代表需要在现场填写注册表格，提交参会信息，主要包括基本信息、参会内容信息、其他信息等。

基本信息一般包含参会代表的姓名、性别、单位、职务、电话、地址、邮箱等；参会内容信息主要是关于会议活动的选择，例如参与哪些议题、是否参与考察的选择等，选择不同的参会内容缴纳的会议注册费也不同；其他信息项主要根据会议具体需要而设置，例如对随行人员的统计、住宿酒店和房型选择、是否预订旅游服务、返程订票服务统计等。

会议注册表的设计应当尽可能简洁，项目的设置以“必要”为标准，以节省现场填写时间。在大型会议中，传统的手工填写方式已经被电脑信息采集代替，参会代表在注册台的电脑上，通过程序表格，提交相关信息，既快捷又准确，大大提高了现场注册和后期信息统计的效率。

图3-2　通过自助注册可以缓解现场注册的工作压力

2. 收取会议注册费

注册表填写提交后，会议相关人员需要到指定工作区域缴纳会议注册费。会议注册费的收费标准通常按照会议主办方的相关政策和参会内容选择而定。

注册费的收取需要由专业的财务人员负责完成，并根据相关规定为参会代表开具财务单据。

3. 发放会议资料

缴费工作完成后，参会手续全部完成。会务组根据相关人员的身份发放相应的会议资料。为了提高发放工作的效率，需要提前将资料装好，并根据类别放置、排列。对于实名制的资料，如证件等，需要一对一发放的资料，应根据一定的方式进行排序，例如以姓氏拼音，便于快速查抄。

实名制对于会议信息统计、会场安保等工作具有积极作用，在大型会议、国际会议中，信息化设备为实名制提供了技术支持，被普遍应用于会议现场注册工作中。

图 3－3 实名制的证件需要保证发放到参会代表本人

案例分析

代表注册最快 10 分钟

APEC 会议周期间代表参会，第一关就是要先进行注册，获取证件才能进入。设在数字北京大厦一层的 APEC 参会代表注册中心，从 11 月 3 日就已经开始为代表提供注册服务。需要现场注册的代表，在经过身份确认、图像采集、确认信息等 8 道程序后，最快 10 分钟就能快速拿到当场制作的证件。

注册中心常务副主任姜伟介绍，代表注册分为两部分，从 9 月 29 日到 10 月 19 日是网上注册时间，大约注册了 21 个经济体的 5 000 多名代表，其中有 13 个经济体的注册代表超过了百人，比如中国、美国、日本等。这些网上注册的代表，也要到注册中心进行身份确认，然后现场制作证件，但减少了采集照片、提交信息等环节，大大节省时间。

1. 证件姓名须与护照一致

身份确认，无疑是保证参会代表信息准确、真实、无误的重要环节。

据注册志愿者介绍，在身份确认区，代表需要提供出该经济体注册联络官的名单以及代表本人的护照，与后台的数据库信息进行身份核对。

“比如代表的姓名，必须与护照完全一致”，注册中心副主任姜伟说，此前在网上注册中，就曾发现有的代表提交照片不符合、姓名与护照填写有误等情况。为了确保准确，专门在后台设立数据核查，发现了1 000多处注册信息的问题，都被及时纠正过来。

现场注册时，如果代表提交的信息错误，志愿者则会当即用步话机与后台取得联系，马上可进行更改，以免耽误证件制作。

2. 大屏幕实时提示注册进度

代表提交注册信息后，可到等候区休息，等待证件制作。

姜伟指着墙上的一个大显示屏，“我们这个屏幕的放置是有讲究的，不是平面的，而是呈现一个30度左右的倾斜角度”，这样注册代表坐在任何一个角落，都可以很清晰地看到屏幕上的信息提示。

而且，显示屏实时显示注册者的制证进度：一个蓝色的时钟样式，表示该代表的证件正在制作中；如果变成了绿色的满格样式，就意味着证件已经完成，可以随时到发放区领取了。

为了方便注册代表，此次APEC会议周期间，能提供由联络官代注以及预约服务。经济体的注册联络官事先与中方联络员取得联系，确认批量注册，注册中心将安排专人为其提供快速服务。

3. 六件套会议包重4.5千克

根据国际惯例，APEC为每位参会代表准备了一个装有代表手册与纪念品的会议包，统一由市筹备办会务服务部发放。代表在拿证件的同时，也在注册中心一并领取会议包。

会议包由笔记本电脑包做成，每个重达4.5千克，里面装有代表手册、一本记录用的笔记本、签字笔、“和韵”APEC纪念邮册、京剧脸谱笔筒相框、一枚APEC纪念徽章，一共“六件套”。

京剧脸谱笔筒颇有中国传统特色，木头材质，颜色为传统的“中国红”，而且可“一物两用”。一位志愿者打开精致的外包装小礼盒介绍说，“它既能做笔筒，还能当相框，可放置一张照片”，还附上各个京剧脸谱的介绍说明，让嘉宾从这个小小的纪念品中领略中国文化。

此次会议共准备了11 000个会议包，总重高达50吨。而运送、分装等任务由64名志愿者承担，每7人一组分工合作，流水作业分装，完成一个会议包只需1分钟。

（资料来源：新京报）

思考：

1. 现场注册需做好哪些准备工作？
2. 在会议注册时都使用了哪些技术？
3. 还有哪些条件和方法提高了注册工作的效率？
4. 评价一下本次会议的纪念品。

大型会议的现场注册需要在相对较短的时间内完成大量参会人员的审核,程序要尽可能简单,注册速度要尽可能快,节省参会代表的时间,需要做好充分的准备工作。现场注册时经常会出现参会代表排起近百米长队的现象,就是现场注册管理出现了问题。要想做到每位代表现场注册尽可能快,一定要做好四个方面的工作,一是注册材料的准备工作要充分;二是要尽可能提前让所有参会代表都了解现场注册的程序;三是注册台搭建要合理,要保证足够大的注册空间和利于人流疏散的布局;四是现场注册工作人员应具备相应的工作能力和经验,提前培训和演练,并保留一定数量的机动人员。

会场接待工作是会议现场服务的开端。接站服务可以帮助参会代表及时准确到达会议现场,顺利完成现场注册工作,熟悉会议场地,为会议开幕做好准备。

拓展提高

会议注册表以及现场注册工作中常用英语

registration system　报到系统,注册系统

on-site registration　现场报到/注册

early-bird registration　提前报到/注册

online registration　网上报到/注册

advance registration　提前报到/注册

pre-registration　提前报到/注册

additional fee　额外收费

registration form　报到表

badge　胸卡,徽章,证章

pick up　领取

organizer　会议主办单位/主办机构

contact information　联系方式

off-site event　会外活动,会后活动

special diets　特殊膳食

contact　联系人

disability issue　残疾人问题

temporary headquarter　临时指挥部

Hot line　热线

exclusive service　专门服务,特殊服务

registration desk　报到处,登记处

internal communication　内部联系,内部通讯

paper - and - pen registration　纸笔式人工报到方式

carbon copy form　复写纸

confirmation　确认信

receipt　收据

color coded form　彩色报到表

the queuing area　排队等候区域

signage　标识

proprietary form　特定表格

template　模版

思考练习

一、简答题

1. 现场注册有哪些工作技巧？

2. 接站工作需要做哪些准备？

3. 怎样提高会议资料发放的效率？

二、实训题

以小组为单位，为新生的入学报到工作，制定一个新生接待、注册的计划。谈一谈需要进行哪些准备工作，现场如何布置场地、完成哪些手续，如何安排现场工作人员。

学习任务2　会场服务

任务概述

为了配合会议相关人员顺利完成各议题的讨论，需要在会场提供一些辅助服务。会场服务多为劳动力密集型的标准化服务，一般是由会场供应商如会议中心、会议酒店、宾馆等单位配备工作人员或招募临时的志愿者，而 PCO 则主要承担现场控制的作用。现场考察会议，观察会场有哪些服务服务岗位、服务内容，对工作人员有何要求，如何进行现场控制。各小组针对选题项目制定会场服务计划，谈一谈会场服务有哪些任务、怎样完成，并配备工作人员。

任务目标

- 能根据会议要求安排和落实会场服务
- 会为每一项会场服务制定服务流程和标准

学习内容

在会议中，会议议程体现会议的核心价值，而会场服务则体现会议的附加价值。会场的相关服务都是为会议活动的落实为最终目的的。

一、会场引导

会议相关人员在到达会议现场之初，对会场的场地情况比较陌生。需要在会议开幕前、每一个独立议题会议开始前、需要变换场地时，安排专门的工作人员，在会议现场的通道、门口、大厅等地点，进行场地指示或引领。此外，在大型会议中，会议活动结束后，也需要会场引导人员引领参会代表从不同的线路，有序离场。

1. 会场引导的工作内容

(1)接待重要嘉宾：在会议举办前，部分人员不能直接进入会议现场，而是在会议进行中的某一个特定时间才能出场，如官员、演讲嘉宾、主持人、赞助商等主席台就座人员，这些人员通常需要安排专门的工作人员迎接，达到会议现场后，引领至休息室、贵宾室等地进行候场，期间通常会提供茶水服务，并在会议开始前进行提醒并引领入场。

(2)会前入场引导：在参会代表人数较多的会议中，如大型会议的全体大会、开幕大会等，需要在会议开始前较短的时间，完成大量人员的入场和就座，需要将参会代表进行分组，由引导人员从不同的入口、按照不同的线路到指定的区域就座。而对于设有多个分会场的会议，参会代表对于场地还不太熟悉的情况下，为了保证参会代表及时、准确地进入指定会场，也需要安排专门的会场引导人员，分布在会场的关键地点引领或指示参会代表入场。

(3)会议进行中的现场服务：会场引导工作的时间主要是在会议举办前、结束后的时段，而在会议进行过程中，为了方便参会代表临时离场，需要派部分引导人员在会议室的场边、门口等地；其他工作人员则可以协助进行一些会场的其他服务。

(4)会后离场引导：会议结束后，参会代表也由特定的会议引导人员，按照事先制定的线路，引领至下一个目的地点。例如上午的议程结束后，将参会代表由会场引领至餐厅就餐；一天的活动结束后，将参会代表引领至停车场返回住处等。提前安排部署引导人员就位，并通知下一目的地工作人员做好准备，例如会议结束后去餐厅用餐，要与餐厅及时沟通，提前做好工作。

2. 会场引导工作的基本要求

(1)工作人员应具有良好的仪容仪表，热情积极的态度，具备礼仪常识。

(2)统一着装，服装颜色应醒目、美观、得体，兼具礼仪和服务的功能。

(3)会前对参会代表进行分组，对工作人员进行分工，并制定出入线路。

(4)会前进行统一培训，相关人员熟悉会场的情况，必要时进行会前演练。

(5)配备必要的通信工具，委派专人负责沟通、联络和协调，处理突发状况。

二、会议室服务

1. 会前准备

会议开始前，每一个会议室都由专人负责会场服务，在参会代表前，需要将会议物品摆放到位，对会议要使用的设施设备进行检查，开机、调试，检查饮用水和茶具等配备情况。

(1)检查会议物品摆放。

(2)检查会场设备设施。

(3)检查饮用水和茶具。

(4)检查会场卫生状况。

(5)其他会前工作准备。

2. 会中服务

(1)为参会代表提供会议进行中的茶水服务。

(2)配合会议进度完成会议设备的使用操作。

(3)维持现场温度、光线、通风等环境控制。

(4)注意会场的情况并为参会代表提供服务。

3. 会后工作

(1)打开会议室门,礼貌送别参会代表。

(2)检查会场如代表遗失物品随即上报。

(3)立即清理会场物品,打扫会场卫生。

(4)检查设施设备是否正常,做好记录。

(5)如发现问题及时上报有关部门检修。

(6)如正常则关闭电源,锁好会议室门。

图 3－4 两会现场服务人员

动手做

会议各项服务具体标准及规范

1. 会议物品摆放

(1)会议桌摆放位置要正,椅子摆放在会议桌前并与会议桌保持约为一人的距离,椅子左右之前的摆放距离要均匀约为一人距离,椅子摆放完毕后竖看要呈一条直线。

(2)根据椅子的位置在会议桌上摆放稿纸,稿纸摆放在每个椅子的正中间位置,稿纸底边与桌子的底边成一条水平线,铅笔呈45度斜角放在稿纸右侧,笔尖朝上,标签外漏。

(3)稿纸定位后,茶杯摆放在稿纸的右上方,与稿纸边保持约为一指的距离,杯把朝右,茶杯左侧摆放香巾碟,香巾碟与杯子的距离约为一指,杯子与香巾碟的中心在一条水平线上。

(4)话筒固定在桌面上,话筒麦克方向角度一致摆在同一侧方向。

(5)水果、干果、矿泉水及香烟统一是两人一份,水果摆放在两人中间位置,水果上方摆放两瓶矿泉水,水果两侧对称摆放干果,每份物品摆放标准一致侧看成一条直线。

(6)桌花根据会议桌长度,摆放2~3个,桌花一般选用鲜花,并且不易太高影响客人双方说话,摆放在会议桌的中心位置即可。

2.会场设施设备的检查

(1)检查照明是否正常,灯具是否全部完好,有损坏的及时上报维修。

(2)会议前提前检查音响设备是否完好,话筒音量调节适中,并检查无线网络是否正常使用。

(3)投影设施提前检查是否完好,会议开始前由通讯连接电脑,全部调试到位。

(4)检查室内空调是否正常,会场温度设定在规定温度内,冬季不高于23摄氏度,夏季不低于26摄氏度。

3.引领服务

将右手臂自然弯曲,提至齐胸的高度,手指伸直五指并拢,手掌心向上以肘关节为轴,指向目标,动作幅度不要过猛。引领时,应走在客人的侧前方,距离保持2~3步,随着客人的步伐轻松的前进,根据客人的步伐适当调节快慢,不可离客人太远也不可太近。若在走廊里或楼梯里,客人应走在离墙面较近的位置,服务人员则走在墙面相对客人侧前方的位置,当到拐弯处应停在拐口处用手势示意,遇到楼梯处,应提醒客人"小心台阶",引领就座时,手势示意位置手位要放低。

4.拉椅服务

将客人带到座位前,双手分别放于椅背两侧,用膝盖抵住椅背,轻轻拉椅,椅面稍转向客人,待客人走到座位前,再将椅子向前推,右手打手势示意客人请就座。

5.衣帽服务

会议中若有客人要脱掉外套,盯会人员要帮客人将衣服挂在椅背上,切记拿衣服时不能大幅度甩动,避免将客人衣服内的物品甩掉或弄坏。

6.倒水服务

(1)倒水方法:左手提壶,站在客人右侧(若右侧太挤也可在左侧倒水),右手拇指和食指捏住杯盖,右手中指、无名指、小指握住杯把将茶杯端起,侧身在客人身后倒水。倒水时胳膊弯曲,将水徐徐倒进杯中,不要过快,避免热水喷出烫到客人,水倒入杯中不要太满,七分满即可,倒完水后将水杯轻轻地放回原处,盖上杯盖,可将杯盖留一条缝隙,用手势示意客人水已倒好。倒水时动作一定要轻,杯盖与杯子之间不可发出声响。

(2)倒水顺序:倒水时,一般由两名服务人员从会议桌两边同时倒水,按照先宾后主的原则,先左后右的顺序倒水。

7.更换香巾服务

香巾若使用要及时更换,将干净的香巾放在香巾碟里放在托盘上,走到需要更换的座位前,先将用过的香巾及香巾碟收回到托盘,再将干净的香巾及香巾碟放回原处。

8. 话筒服务

事先了解会议议程，提前走到将要发言人的座位前，将其话筒打开并将话筒对准客人，若声音太大或太小，要及时与通讯部工作人员沟通，立即调节声音大小。

9. 关开灯服务

在会议过程中，要使用投影汇报时，要将幕布前的灯关闭1～2组，避免灯光太亮导致客人看不清楚汇报内容，也不能关闭过多，导致会场过黑客人记录时看不清楚。汇报完毕后，要及时将灯打开，恢复正常。

10. 开门服务

会议过程中客人有事要出去，盯会人员要提前将会议室的门打开一半，会议室外有人等候客人回来，也要提前将会议室门打开。客人进来后，要引领客人回到座位并拉椅。

11. 电梯服务

客人使用电梯时，由电梯服务人员在电梯箱内控制开关处提前控制好电梯，请客人进电梯后，关上电梯门摁下客人所在楼层，到达楼层后，电梯服务人员摁下开门键，门开后，请客人先出电梯，由电梯外提前等候的服务人员带到房间。若电梯外没有专人等候客人，电梯服务人员等客人出电梯后应立即出电梯，快步走上前去引领客人回房间。

三、其他服务

根据不同的会议形式和会议活动，会议室服务也不尽相同。例如在有颁奖环节的会议中，需要提供礼仪服务；在有记录需求的会议中，需要提供摄影摄像、速录等服务；在多种语言参会代表的国际会议中，需要提供同声传译服务；在有评选、比赛环节的会议中，需要提供赛制流程中相关环节的服务。

会议服务人员一般都是由会议场地提供，但是在大型会议中，有时需要招募临时的志愿者参与会场服务工作。在涉及专业会议设施设备的会议活动中，设施设备的提供方、出租方，通常会派专业技术人员在现场操作、监控。

因此，在会议现场从事各项服务的人员，一般来自于不同的企业、不同组织，需要有效的协调。相对于会前筹备工作，会议接待服务与现场服务都属于劳动力密集型的工作，PCO在会议期间，一般不针对参会代表提供服务，而主要是协助会议主办方进行沟通、联络，并监控各个会议供应商服务执行情况、跟进会议各项进程的职能，需要有一个会场的总负责人，以及多名工作人员在各个会场、区域和岗位定时巡视，保持沟通顺畅，随时反馈并解决现场出现的问题。

拓展提高

会议服务员一般都是由会议场地提供，但是在大型会议中，有时需要招募临时的志愿者参与会场服务工作。上岗前，需要对志愿者进行必要的培训，可以参照以下的“会议服务员岗位职责及操作规程”制定培训方案。

会议服务员岗位职责及操作规程

一、岗位职责

1. 按照客户要求布置好会场，做好会前的物品准备。
2. 检查会场设施设备，保持设备的完好、有效。
3. 做好会中服务，确保会议有序进行。
4. 做好会后场地清洁卫生和设备、物品的收集清理工作。
5. 完成上级安排的其他工作。

二、工作流程

1. 工作签到。
2. 参加班前会。
3. 了解会议要求。
4. 布置会场。
5. 会前准备开水和室温、灯光调控。
6. 会中服务。
7. 清理会场。

三、操作细则

1. 了解会议要求

表 3－2　了解会议要求

工作项目	操作规则	质量标准或要求
领取会议通知单	从预订处领取会议通知单，问清楚尚不完整或模糊不清的问题	保管好通知单，确认有关问题
研读会议通知	研读会议通知单，把握客户要求，理清接待思路	熟知举办会议单位与会人数、会议主题、时间、会标、台型要求、所需物品与设备、结账方式及特殊要求

2. 布置会场

（1）党政重要会议

表 3－3　党政重要会议会场布置

工作项目	操作规则	质量标准或要求
准备设备与物品	①根据会议通知单要求，准备好所需设备（如灯光、音响、话筒、空调等） ②准备服务用品（如台布、灯光、桌裙、铅笔、信纸、茶杯、会标、旗帜、音带、指示牌、鲜花等）	设备完好、有效，用品齐备、清洁、完美、庄重
确定台型并摆台	根据会议性质和主办单位要求，确定主席台位置，合理设置台型（课桌式、回字式、椭圆式），铺台布、围桌裙	①台型符合要求，能烘托会议主题 ②桌子摆放整齐、无摇晃 ③桌位等于或略多于会议人数

（续表）

工作项目	操作规则	质量标准或要求
摆椅子	双手轻提椅背，用右膝盖轻顶椅背，依次将椅子放在桌后，椅子前沿与桌面边缘相切	①轻搬轻放，椅子干净，排放整齐美观 ②课桌式横看、竖看、斜看呈一条直线 ③准备若干把椅子备用
摆信笺、铅笔	①将信笺轻放于每个座位的桌面上，纸与纸间距均匀，纸下边距桌边两指 ②笔削好斜放于信笺上	①信笺中心线在一条直线上 ②笔尖朝前呈45度摆放在信笺上 ③笔尾靠信笺下端，标志朝上
摆茶杯	①左手端托，右手将配有垫碟的茶杯均匀放在桌面上，杯柄朝右，杯内茶叶统一放置、适量 ②无垫碟改放杯垫，或根据主办单位要求放矿泉水	①摆放整齐、统一，茶碟右边缘与椅子右边缘在一条直线上 ②课桌式，茶杯摆放横看、竖看、侧看都呈一条直线 ③回字式，茶杯摆放侧看平行、整齐、美观 ④杯碟上边缘与桌边距3～3.5 cm，店标朝上
摆香巾篮	左手端托，右手将香巾篮放于茶碟右侧	香巾篮完好、洁净，左边缘距茶碟2～2.5 cm，上边缘距桌边3 cm
调试音响设备	将话筒分别摆放于主席位、副主席位和发言席（特殊情况按客人要求摆放），调试音响至最佳状态，并试放所要求的音带	音质好，无噪音，音量适中，所有座位均能听清
摆指示牌	摆放于大堂及会场门口显眼位置，便于指引客人进入会场	指示牌庄重大方，文字表述清楚
摆席位卡	必须请主办方摆放席位卡	①席位卡庄重大方，摆放整齐 ②请主办单位反复核对，确保无误
摆讲台	按客人要求摆放于确当位置	讲台干净、庄重、无摇晃
挂会标	按客人要求制会标，挂于合适位置	文字正确无误，字迹美观大方
摆放盆花及绿色植物	①盆花摆放于主席台上，一般摆放两盆于主席位和副主席位 ②绿色植物放于主席台后，主席台前边缘摆矮小的绿色植物及盆花，会场四周摆放绿色植物	①盆花及绿色植物新鲜、美观、无枯叶 ②高矮能适合会场环境布置要求
插旗帜	国旗或党旗或红旗，摆放在主席台后两侧	旗帜颜色鲜艳、干净、无皱褶

(2)茶话会

表 3－4 茶话会会场布置

工作项目	操作规则	质量标准或要求
准备物品	根据会议通知单的要求,将所需的各种设备及服务用品准备好,如会议桌、椅、空调、音响、灯光、茶杯、会标、指示牌、鲜花等	各项用具准备充足,设施设备完好,安全、有效
确定台型并合理摆放	根据会议性质及主办单位要求确定台型,回字型或椭圆型,桌子摆放整齐,椅子前沿与桌面边缘部分相切	①台型符合客人要求,并能烘托会议主题 ②桌椅摆放整齐,台型美观大方
摆茶杯	左手端托,右手将配有垫碟的茶杯均匀摆放在桌面上,杯柄朝右,杯内茶叶统一放置、适量无垫碟改放杯垫或摆矿泉水	①摆放整齐、统一 ②茶碟的右边缘与椅子的右边缘在一条直线上,侧看平行,茶杯碟上边缘与桌边距 3～3.5 cm,店标朝上
摆香巾篮	左手端托,右手将香巾篮放于茶碟右侧	香巾篮要完好、洁净左边缘距茶碟 2～2.5 cm,上边缘距桌边 3～3.5 cm
摆放果盘	根据主办单位要求摆果盘,盘中放水果、干果等	装盘美观
摆烟缸	①左手端托,右手将烟缸放于两茶碟中间 ②小碟内放香烟	从主要客人身边起每隔三人摆一烟缸,距桌边 1.5～2 cm,标志朝向参会代表
调试音响、话 筒	将话筒分别摆放于主席位和发言席,或按客人要求摆放	音质好,音量适中
摆指示牌	摆放于大堂和会场门口显眼位置,便于指引客人进入会场	标牌美观,文字表达明确
挂会标	按主办单位要求制会标,挂于会场一面墙上	文字正确无误,字迹美观大方
摆盆花及绿色植物	绿色植物摆放于台子中间(植物高于台面 20 cm 左右),盆花摆于桌面上	鲜花及绿色植物新鲜、美观、卫生,造型符合会场气氛

(3)讲座

表3-5　讲座会场布置

工作项目	操作规则	质量标准或要求
准备物品	根据会议通知单要求,准备好所需设备和服务用品,如会议桌、椅、空调、音响、话筒、灯光、茶杯、会标、讲台、白板、白板笔、投影仪、指示牌、鲜花等	用具齐全干净,设备完好、有效
确定台型并合理摆放	根据讲座性质和要求确定台型,一般采用课桌式,前面放一张讲台,上面摆一盆花,后面摆若干排桌椅	台型整齐,无摇晃,椅子前沿与桌面边缘部分相切
摆信笺、笔	若主办单位要求,可在课桌上摆放信笺、笔,信笺放于每个座位的桌面上,笔削好斜放在信笺上	信笺下边缘距桌边1~1.5 cm,信笺中心线在一条直线上,笔尖朝上呈45度摆放在信笺上,笔尾与信笺下端相切,标志朝上
摆茶杯	①左手端托,右手将配有垫碟的茶杯放在讲台上,杯内放适量茶叶或准备矿泉水 ②会场边上放一张桌子,上面放纸杯或茶杯,准备大筒矿泉水或开水,让参会代表自取	桶水充足,茶杯(纸杯)洁净,茶叶色泽好无变质
摆香巾篮(盘)	左手端托,右手将香巾篮(盘)放于讲台茶碟右侧	香巾篮完好,左边缘距茶碟2~2.5 cm,香巾温度适宜、无异味
调试音响和投影仪	将无线话筒和投影仪调试好	音质好,音量适中,投影清晰
摆白板及白板笔	摆放于讲台旁边	白板干净,笔书写流畅

(4)颁奖会

表3-6　颁奖会会场布置

工作项目	操作规则	质量标准或要求
准备物品	根据会议通知单要求,准备好所需设备及服务用品,如会议桌、椅、空调、音响、灯光、茶杯、会标、垫红口布的托盘、指示牌、鲜花等	设备完好、有效,用具洁净齐全
确定台型并摆台	根据会议主办单位要求,确定主席台位置,一般采用课桌式,摆台形式和服务要求,可参照上述党政重要会议布置和服务要求	台型和物品摆放符合主办单位要求
礼仪服务	礼仪小姐着旗袍,准备垫有红口布的托盘,根据主办单位要求放奖状和奖品,到时供颁奖用	礼仪小姐形象较好,庄重大方,服务有序

3. 会前准备开水和室温、灯光调控

表 3－7 会前准备开水和室温、灯光调整

工作项目	操作规则	质量标准或要求
打开水	会议前半小时准备好暖瓶，到开水房打开水	开水准备充分，温度在 80 摄氏度以上，暖瓶要干净无破损，保温性能良好，不漏水
开空调	会议前 1 小时打开空调（先打开电源开关，再打开空调开关）	室内温度调控，冬天保持 19～22 摄氏度，夏天 24～27 摄氏度
开 灯	与会人员到场后视需要打开灯光	灯泡完好，光线充足，并根据要求适当调控灯光
站 位	服务员提前半小时站于指定位置迎客	站姿正确，面带微笑

4. 会中服务

表 3－8 会中服务

工作项目	操作规则	质量标准或要求
引领入座	引领领导上主席台，双手轻提起椅子请领导入座，然后用膝盖轻顶椅背至领导腿部，请其坐下	椅子轻拿轻放，使用礼貌用语
上香巾	①左手端托，右手拿香巾夹，站在领导右后侧为领导递香巾 ②不能挡住领导的视线	香巾干净无异味，冬天在 35 摄氏度左右，夏天上冰毛巾
斟 茶	左脚在前，右脚在后，右手提暖瓶，左手小指与无名指夹住盖杯，拇指与食指拿杯柄，在客人右后侧为客人斟倒茶水，然后轻轻放回杯碟中，并示意客人用茶	动作敏捷，轻拿轻放，茶水倒至八分满，注意礼貌服务
会中特殊情况处理	①客人使用话筒时，视情况调节音量大小 ②主席台领导半小时不喝茶，应重新更换一杯 ③每 20～30 分钟为台下客人巡回补充茶水一次 ④为感冒客人送姜汤 ⑤灯光较暗，为做报告者提供台灯	保持会场安静，做到“三轻”“四勤”，不打扰客人
会中休息服务	快速进行会场小整理，补充、更换物品	动作敏捷，轻拿轻放，保持安静

5. 清理会场

表3-9 清理会场

工作项目	操作规则	质量标准或要求
检查会场	①检查有无客人遗留物品及文件,如有,及时送交会务组或吧台 ②检查有无损坏的设施设备及用具,如有,将数目及损坏情况与会务组人员核实后送收银处	仔细、认真、做好记录;数目准确、不弄虚作假
整理用品及清洁卫生	①请餐厅领班调派人员整理会场 ②将茶叶倒入垃圾桶,点清茶杯数目送往管事部清洗 ③会场剩余物品点清数目汇报领班处理,并做好卫生清理工作	清点仔细、及时回收,物品轻拿轻放,归类摆放
检查设施设备	①对灯光、音响、桌椅、门窗、地面、空调、消火栓、灭火器等进行检查,发现问题及时上报维修 ②关闭灯、空调及门锁	仔细、认真,消除一切安全隐患

思考练习

一、简答题

1. 简要说明会场引导的工作内容。

2. 会场引导工作有哪些基本要求?

3. 除了基本的会议室服务,根据会议活动不同还可能需要哪些其他服务?

二、论述题

PCO在会议期间,主要从事哪些工作?

学习任务3 会议安全保障

任务概述

以小组为单位,查阅相关资料,了解关于会议安保的新闻、案例和法规等。谈一谈会议安保的重要性,并现场考察一个会议或展览会现场,观察记录现场采用了哪些安保措施、是否存在安全隐患。形成考察报告,在课堂进行阐述和讨论。

任务目标

- 会为会议活动制定安保措施
- 能在会议现场考察中发现安保工作重点或隐患

学习内容

会议是一种群体性活动，在会议活动举办的场所、所使用的设施设备以及交通、食宿等配套服务的提供过程中，都需要进行必要的安全保障服务。在大型会议、国际会议中，安全保障的要求尤为突出。

一、会议安全保障的内涵

1. 会议安全保障的含义

国家相关法律规定，经营者在经营场所对消费者、潜在的消费者或者其他进入服务场所的人之人身、财产安全依法承担的安全保障义务。其义务主体为服务场所的经营者，包括服务场所的所有者、管理者、承包经营者等，对该场所负有法定安全保障义务或者具有事实上控制力的公民、法人或其他社会组织。据此，在会议举办的过程中，会议的主办方、承办方、会议场所等组织，在会议活动中应负有防范危害的义务。

此外，会议活动是一种共时性群体活动，在大型会议中，为了维持会场的各项秩序、保证会议活动的顺利进行，需要必要的安全保障来保证会议现场管理；此外，会议举办的整个过程中，涉及大量的会议信息、会议相关人员的个人信息，都存在着不同程度的保密要求，因此，也需要通过必要的安全保障来实现信息的保护。

综上所述，安全保障在会议的活动的举办中，既是相关法律的规定，也是会议活动本身的需要。

案例分析

多举措确保夏季达沃斯论坛餐饮食品安全卫生

食品安全无小事，9 月 10 日将在天津召开的 2014 夏季达沃斯论坛规模大、级别高，市卫生计生委会同市场和质量监管委早动手、早规划，加强组织领导、完善工作方案、抓好细节落实，精心做好论坛餐饮食品保障工作。

完整的监督保障系统是基础。职能单位组织专家指导、综合协调、应急调度、后勤保障、信息文秘、新闻报道 6 个专门工作组形成保障系统，统一协调部署。论坛期间将进驻场馆和供餐单位，进行食品安全与公共卫生监控，对重点区域、重点单位进行监督巡查。届时，将有 300 余人在不同岗位上履行监督保障职责。

严格的排查检测制度是支撑。目前，已确定餐饮食品安全和卫生监督保障 63 个关键环节，252 个控制点，并启动了对接待酒店、供餐单位的卫生风险评估。通过全面监检查、现场快速检测、专家评议讨论，评估排查风险。今年的现场快速检测特别设定了 54 项，其中食品安全 20 项、公共场所卫生 20 项、生活饮用水卫生 14 项。

对于本届夏季达沃斯论坛的食品安全，我市高度重视，多措并举，据悉，论坛开幕前，还将完成3轮风险评估排查，进一步督促指导各单位整改提升，确保为四方宾客提供优质、安全、卫生的餐饮服务。

（资料来源：北方网）

天津局夏季达沃斯寄递渠道安保和邮政服务工作获肯定

2014年夏季达沃斯论坛于9月10日至12日在天津举行。天津市邮政管理局提前安排部署、积极沟通协调、认真履行职责，会同相关部门，督促市邮政、快递企业圆满完成了论坛期间寄递渠道安保和邮政服务工作，受到了市委、市政府及天津夏季达沃斯筹备办的充分肯定。

论坛期间，天津局派出两个工作组赴指定安检场地进行实地检查指导，了解快件收寄、安检情况，对寄递渠道安全保障工作提出明确要求。各邮政监管派出机构按照检查方案，由负责人带队，全员出动，全天值班，深入分拣、投递一线，对辖区内快递企业分拣场地进行检查，查验是否将快件单独分拣、统一安检。共出动检查200余人次。

天津市邮政公司在论坛举办地天津梅江会展中心开设临时邮局，提供个性化明信片打印、邮件收寄、加盖纪念邮戳等服务，赢得了主办方和中外嘉宾的一致好评。各快递企业严格按照天津局要求，对发往论坛指定场馆的快件，全部运至指定地点进行安检，由专人专车安全投递，未发生任何安全事件。

（资料来源：天津市邮政局网站）

安保人员学急救为年会添保障

根据国际惯例，举办大型国际会议前要有针对性地开展应急救护培训，市红十字会作为2015大连夏季达沃斯年会组委会成员单位，承担了会议筹备期间的应急救护培训职责。8月20日，市红十字会为我市公安局蓝鲨机动队的100名达沃斯安保人员举办了红十字应急救护培训。

本次培训内容包括突发意外现场紧急应对、特殊伤情现场处理、心肺复苏、创伤现场急救、气道异物梗死急救等，目的是进一步提高会议安保人员面对突发事件及意外伤害的应对能力。大连市红十字会一直以来大力开展群众性应急救护知识和技能普及推广工作，2014年共完成各类培训1764期，应急救护普及人数达11.6万人。

（资料来源：光明网）

“夏季达沃斯”注册安保与服务

从9月13日开始，新领军者年会在大连现代博物馆开放注册。电脑检查随身包裹，金属探测全身扫描，现场，每一位来此注册的外宾或记者都要通过以上的安检步骤。除了堪比机场的安检系统，在达沃斯会议期间，组委会还提供了很多必要的服务措施，方便与会嘉宾，比如免费的市话机、无线网络、联网电脑、中文键盘、自助午餐、同声传译和帮助嘉宾尽快进入现场的摆渡车。

（资料来源：大连天健网）

思考：

1. 谈一谈在国际性会议中安全保障的重要性。

2. 为了保障会议相关人员的人身安全、财产安全，会议承办单位、会议承办城市政府分别采取了哪些举措？

3. 除了案例中所提及的措施，你还了解哪些会议安保措施？

2. 会议安全保障的目标

会议的举办，除了需要按照国家的法律规定，须保障会议相关人员在会议现场的人身安全、财产安全，还需要保障相关权益主体的信息安全，例如保密性会议的信息安全、会议相关人员的个人信息安全等。

案例分析

澳官方误操作导致去年 G20 参会领导人个人信息泄露

据英国《卫报》3 月 30 日报道，去年 11 月在澳大利亚布里斯班市召开的二十国集团（G20）领导人峰会近日曝出隐私泄露丑闻。来自美国、俄罗斯、德国、印度等国家的参会领导人个人信息因澳大利亚移民局方面的误操作而遭到泄露。而在发现泄露后，澳移民局并未立即知会有关方面，因为该机构认为无必要这样做。

报道称，《卫报》获悉，澳大利亚移民局的员工因误操作，将所有参会领导人的护照号、签证信息和其他个人信息泄露给了亚洲杯在当地的组委会。美国总统奥巴马、俄罗斯总统普京、德国总理默克尔、日本首相安倍晋三、印尼总统佐科和英国首相卡梅伦等参会领导人的个人信息均遭到泄露。

在泄露情况被发现后，澳移民局签证服务部主管联系了该国隐私事务专员，告知其这起 11 月 7 日发生的国际领导人隐私泄露事故，并向其咨询紧急对策。

在向隐私事务专员递交的信件中，澳移民局称这起事故源于一名员工误将领导人信息通过电子邮件发送给了一名亚洲杯组委会成员。《卫报》根据澳大利亚的信息自由法获得了该信件。信中透露，“被泄露的信息包括 31 位国际领导人（例如：总理、总统或同等职位）的姓名、出生日期、头衔、国籍、护照号、签证授权编号和签证类别”。

该信件还称，“造成这起事故的原因是人为失误，操作员在使用微软 Outlook 邮件系统的收件人自动填写功能时未能发现输入了错误的收件人信息，由此导致邮件被发错人。”

该官员同时在信中强调，“被泄露的信息进入公众视野的可能性很小”，“由于更多个人信息并不包含在被错发的邮件内，因此此次违反隐私法规的危险性被大大降低”。“收件人已经删除了该邮件并清空了垃圾箱”。

在“确保”错发的邮件被删除后，澳移民局认为没有进一步知会上述国际领导人的必要。“由于考虑到泄露事件的风险很小，并且通过采取措施已经防止了信息的进一步传播，我认为没有必要通知被泄露隐私的对象。”移民局官员如此解释道。

据悉，澳移民局此次隐私泄露事件虽然“规格”高，但并非“规模”最大的一次。在2014年2月，该机构意外将近万名遭扣留人士——大部分为寻求庇护者——的个人信息通过公开文档的方式发布在网站上。这也是该国政府机构造成的最严重的一起隐私泄露事件。

（资料来源：环球网）

谷歌眼镜开发者大会本周举行 测试保密协议泄露

1月27日消息，谷歌将于本周在旧金山与纽约分别举行谷歌眼镜(Google Glass)开发者发布会(也被称为Glass Foundry大会)。届时，开发者可获得Google Mirror API，从而能够为谷歌眼镜开发软件。

两场开发者发布会将分别于旧金山当地时间1月28日、29日和纽约当地时间2月1日、2日举行。届时，开发者在会议期间可以亲自试用谷歌眼镜，甚至可以获得一副测试版谷歌眼镜。不过，测试者需要和谷歌签署一份保密协议。

美国科技博客网站ReadWrite目睹了这份保密协议。以下是该份保密协议要点：

1. 概括

—谷歌可以为参会人员提供谷歌眼镜和其他的谷歌产品，但是仅作为测试目的，以便获得反馈信息。

—只有美国公民才能获得测试资格。

—参会人员获得谷歌眼镜只能在美国境内使用。

—在没有得到谷歌允许之下，除测试者之外，任何人不得佩带或者使用谷歌眼镜。

—谷歌和测试者双方都有权自由终止此次测试活动。

—此次谷歌眼镜测试活动必须遵守整个谷歌服务条款和隐私政策的所有规定，以及其他任何相关产品的附加条款。

—谷歌在此提醒测试者，不得在开车、骑车、使用锐利物品或进行体育活动佩带谷歌眼镜，测试者在行走或过马路使用谷歌眼镜时也要格外小心。如果测试者担心使用谷歌眼镜的安全性，谷歌要求测试者停止使用谷歌眼镜并立即将其归还给谷歌。

—谷歌眼镜内置WiFi和蓝牙收/发器，但是由于还未获得联邦通信委员会(FCC)的授权许可，因此只能由授权测试者自己使用。

—谷歌将从测试者处收集反馈信息，其中包括使用者地理位置、使用数据、调查反馈以及在面对面采访或研究期间录制的视频或拍摄的图片。这些信息将保留测试者姓名，并交由谷歌保管。

—谷歌眼镜所拍摄的照片或视频或在Google Foundry大会上拍摄的照片或视频(包括但不局限于测试者佩带谷歌眼镜时所拍摄的照片)都属于谷歌的保密信息，在未获得谷歌书面同意的情况下,测试者不得拷贝、储存或分享。

—测试者不得使用他们自己的谷歌账户来测试谷歌眼镜。谷歌将为开发者提供账号,但谷歌拥有账号所有权,在协议终止后,这些账号将会被删除。

—测试者佩带谷歌眼镜所拍摄的照片将会增添到开发者测试 Google + 账户中"立即上传"(Instant Upload)相册中,这样谷歌就可以立马看到所有的照片以及测试者的地理位置。

2. 所有权和知识产权

—从根本上将,谷歌拥有与此次测试活动相关的所有解释权。"你们将放弃任何你们所拥有的精神权利,并同意不去执行它们。"("精神权利"是一项法律用语,针对的具体版权规定。)

—谷歌只有在获得测试者同意情况下对外使用他们的照片和视频。但是,测试者在使用谷歌眼镜时或参加 Glass Foundry 大会时所拍摄的照片、音频和视频,谷歌可以随意对外和对内使用。

—谷歌或可以为测试者提供他们的照片或视频的副本,但是他们未获得谷歌同意的情况下不得对外使用这些照片或视频。

—测试者开发出来的软件单独遵守其他条款。

3. 保密

—测试者在未得到谷歌书面同意情况下,不得向媒体公开或发布任何有关谷歌眼镜的信息。

—谷歌向测试者提供的所有信息以及他们的反馈信息都将作为谷歌保密信息。如果测试者在法律要求下,需提供这些相关信息,他们必须立即通知谷歌。

4. 期限与终止条款

—协议一旦签署即将生效,测试者如想终止协议必须书面通知谷歌。谷歌有权在任何时候终止或者暂停此协议。

协议终止后,第 2 条款到第 8 条款仍将有效。

—协议终止后,测试者必须立将谷歌眼镜和保密信息归还给谷歌。

—协议终止后,谷歌将删除开发者的账户信息,但相关的照片、视频、登录、使用方式和地理位置信息将由谷歌保管。

—如果测试者违反协议规定,谷歌会将其永久列入开发者项目黑名单。

5. 其他

—谷歌承担与该项目有关的保证期索赔,最高金额 100 美元。

—测试者因违反协议所造成的任何后果将由测试者自行承担,谷歌不负任何责任。

—如果谷歌未执行协议中的任何条款,并不包括谷歌放弃了这些条款。

(资料来源:比特网)

思考:

1. 会议信息安全都包括哪些方面?

2. 会议的主办方和承办方应该怎样保证会议信息安全?

3. 会议安全保障的作用

(1)保障相关权益主体的人身、财产、信息等安全。

(2)提高会议举办的效果,体现专业会议服务的价值。

二、会议安全保障措施

1. 硬件方面

(1)建筑结构:会议场所使用的建筑物、配套服务设施、设备应当安全可靠,有国家强制标准的应当符合强制标准的要求,没有国家强制标准的,应当符合行业标准或者达到进行此等经营所需要达到的安全标准。

(2)消防安全:要求会议场所须配置消防设施和器材,设置消防安全标志,并定期组织检验、维修,确保消防设施和器材完好有效;保障疏散通道、安全出口畅通,并设置符合国家规定的消防疏散标志;建筑物内的走道、楼梯、出口等部位,要经常保持畅通,严禁堆放物品。疏散标志和指示灯要完整好用,客房内必须有安全疏散指导图。

(3)设备安全:要求会议场所的相关配套设施在经营过程中一直符合安全标准。比如电梯要经常性的维护才能运转正常;灭火器材要及时换药粉;安全出口不能上锁;安全出口不能被占用、堆放物品,影响疏散通道的畅通;消火栓、灭火器材不能被遮挡、压埋。只有这样才能在硬件方面给消费者一个安全的消费环境。

(4)人员配备:要求会议场所经营者对于可能出现的危险应当采取必要的安全防范措施,配备数量足够的、合格的安全保障人员。例如根据规模配备相应数量、经过培训合格持证上岗的保安人员。

2. 软件方面

(1)服务管理:会议场所经营者须保证提供的服务内容和服务过程是安全的,如果服务内容存在对人身或财产造成损害的危险或者服务的过程存在对人身或财产造成损害的危险,就属于内部不安全因素。

(2)安保措施:通过会议场所工作人员的服务工作,照顾、保护会议相关人员的人身、财产安全不致遭受来自外界、第三人的侵害。要求配备保安人员是一个硬件要素,而在这里要求保安人员在日常工作中认真执行任务,认真积极的履行保护义务,防御来自第三方的侵害,不懈怠、脱岗,不在执行保安工作时醉酒、睡觉等,则是一个软件方面的要求。

(3)安全引导:会议场所经营者对可能出现的危险有说明、劝告、协助义务,对于有违安全的行为应当进行劝告,必要时通知公安部门采取必要的强制措施。对于已经或者正在发生的危险,会议场所经营者应当进行积极的救助,以避免损害的发生或减少损失。

另外还有较多的法律法规规定了会议场所经营者有这类义务。比如公共场所发生火灾时,经营者的现场工作人员有组织、引导在场群众疏散的义务。公共场所发生火灾时,该公共场所的现场工作人员不履行组织、引导在场群众疏散的义务,造成人员伤亡,尚不构成犯罪的,处15日以下拘留。宾馆、饭店各楼层值班人员,在火灾经济情况下,必须负责引导住客迅速安全转移。

图3-5 门禁实行实名制与人像识别

案例分析

APEC会场设10千米防控圈，一线武警安保要验32种证件

安保：会场设10千米防控圈

前天下午3点，由停车场改造的国家会议中心驻地内灯光暗淡，排列整齐的双层铁床上，执勤归来的战士们和衣而卧，睡得正香。随着值班战士一声大喊“集合！集合！”睡梦中的战士们一骨碌爬起来，飞速地穿衣、叠被子。10分钟后，战士们已笔直地坐在了小铁凳上开始学习。战士们当天着重对执勤期间需要注意的一些礼仪、礼节等问题进行了温习。

与在部队时不一样的是，在这里的学习训练更多的是针对APEC会议执勤而开展。“APEC会议期间，人员的入场证就有21种，车辆的入场证有11种，怎样验证、识别证件，是训练的重点。”武警北京总队某部执勤分队干部杨阳说，学习训练还包括基本国情礼仪、常用英语执勤用语、应急情况处置等。

杨阳介绍，对于国家会议中心和水立方的安保，他们设置了近10千米长的防控圈，每隔几十米就有战士值守。进入楼里，在重要通道、连廊、会场入口等地还设有岗哨，“整个安保是圈圈套圈圈的多层防控体系”。

会议期间，武警战士们需要24小时轮班值守。每人每天安排有3个执勤班次，每次在每个岗哨上的执勤时间至少为2~2.5个小时。

考验：安排人员持假证闯关

对于APEC会议上在一线执勤的战士，武警北京总队某部有一个特殊的鼓励士气的方式——火线立功。

“平时要立功很难，但如果APEC会议上表现特别突出，能快速有效地处理突发事件，就可能有立功机会。”杨阳介绍，这其中就包括在面临“考验”时的表现突出。

据介绍，为了对武警战士的执勤水平、验“证”能力等进行检查，上级会适时组织人员假装参会人员，并设置各种情况试图蒙混过关进入会场。

“他们有的拿着假证，有的说自己忘了带证，有的可能是拿着他人的参会证件。”杨阳说，遇到这样的情况，首先必须要有合格的查验证件的能力，对32种入场证的外观、颜色、质地等等都得清楚，其次就是必须坚持原则。“比如有的人可能说自己就是会场里的工作人员，证件忘带了，这时如果你让他进了，就是不合格的做法。”杨阳告诉记者。

据介绍，这类考验不打招呼、不设预案，检查岗哨也不确定，在实际操作中，有少数战士就没能通过考验。不过，在目前已经组织的数十场类似的考验中，绝大多数战士都顺利通过，其中还有数名处置非常到位、表现突出的战士，获得“火线立功”。

（资料来源：京华时报）

思考：

1. 会议采用了哪些安保措施？
2. 谈一谈证件管理在会议安全保障中的应用和作用。

拓展提高

××会议安全保障预案

1. 目的

为了能够圆满完成××会议，确保参会人员的人身、财产安全，特制定以下安全预案。

2. 范围：适用于××会议。

3. 职责：

由保安部具体负责此次会议安全保卫工作的组织与实施。

4. 安全领导小组：

组　长：________________

副组长：________________

组　员：________________

5. 安全保卫工作重点：

5.1 重点检查会场消防报警系统，消防广播、防火栓、灭火器、安全出口、消防通道、消防卷帘门、烟感系统、喷淋系统、应急照明系统，如发现问题及时解决，确保所有功能处于正常使用状态，消防通道畅通无阻，防止发生火灾。

5.2 会议场所进行严格管理，禁止在场内吸烟、动用明火，如必须动用明火须到保卫部办理动火使用证。由会议中心派4名保卫人员在会场出入口协助管理，没有参会证件的人员一律禁止入场。

5.3 会议期间各岗位密切注意可疑人员进入会场进行不法活动、宣传。如有发现张贴、散发非法宣传品及对国家安全有危害言论的人员，及时制止并通知公安部门。

5.4 严格控制非法营运车辆进入会场区域。由专人负责指挥参会车辆，按指定路线行驶，指挥车辆停放整齐，确保车辆安全。

5.5 监控中心认真做好安全监控工作，随时观察各监控点动态。发现异常情况及时通知，确保在发生突发事件时能够及时准确发出警报，有效发挥其应有的作用。

5.6 会议期间重点加强会议所在区域的治安工作，夜间加强巡逻防止发生消防、治安事件。

6. 人员部署和应急措施

保卫部具体负责此次活动的安保工作，下设3个组：

6.1 会场内安全警戒组：

组　长：________________

组　员：________________

负责本次会议的会场安全警卫工作，具体工作是：

6.1.1 会场人员的进出。

6.1.2 会场内的安全出口处的安保工作。

6.1.3 在遇突发事件时负责维护现场秩序工作。

6.2 会场外秩序及消防组：

组　长：________________

电　话：________________

组　员：________________

负责本次会议的外围秩序及消防工作。具体工作是：

6.2.1 会议中心的各门岗。

6.2.2 各区域的停车场，安全出口处的安保工作。

6.2.3 在遇突发事件时负责维护现场秩序工作。

6.2.4 预留消防车通道防止车辆堵塞。

6.2.5 在会议召开之前对会场外围进行一次消防检查工作。

6.2.6 在发生火灾时组织义务消防员赶赴火场进行灭火。

6.2.7 引导消防车到达火场，寻找水源。

7. 几点要求：

7.1 安全保卫工作分工明确，责任落实到个人，谁主管谁负责，做好各环节的工作。

7.2 一切行动听指挥，明确任务及时处理各种突发事件。

7.3 以高度的责任心，圆满完成本次会议的安保任务，确保万无一失。

思考练习

一、简答题

1. 会议安全保障的目标主要有哪些方面？
2. 简述会议安全保障的含义。
3. 简述会议安全保障的作用。

二、论述题

会议安全保障工作有哪些措施？

三、小组讨论题

结合会议活动的特点，谈一谈在会议举办过程中，可能会存在哪些安全隐患？应采用什么措施预防和消除这些安全隐患？

学习任务4 落实会议配套服务

任务概述

以小组为单位，结合现代会议活动的特点，讨论在会议期间，需要为参会代表等人员提供哪些会场之外的配套服务、这些服务对会议有何作用、都由哪些单位和企业提供、会议期间应该如何落实这些配套服务的实施情况。讨论后形成结论，在课堂上进行阐述和讨论。

任务目标

- 会根据会议的具体情况，提出会议配套服务方案并落实
- 能与相关的会议服务供应商，沟通、协调、解决相关服务问题

学习内容

会议的层次越高、涉及的区域越广、参会代表的人数越多，在安排和落实会议配套服务时，就需要更全面的计划和周密的实施。会议期间的配套服务，由不同的供应商提供，其中最基本的是住宿服务、餐饮服务、交通服务等，这些外包服务，基本都与 PCO 签订了服务协议或合同，PCO 在会议期间需要参照会前协议，对各个环节的服务安排进行落实，承担联络、监控的职能，此外，对于一些计划外的情况，也须与供应商保持沟通、协调，做出相应的安排。

一、落实住宿服务

会前，参会代表通常通过两种方式预订会议期间的住宿服务，一是自行预订；二是由 PCO 统一安排或推荐。如果是后者，那么 PCO 就必须在会议期间，全程跟踪落实相关的住宿服务，以保证参会代表的满意度。

会前，PCO 通常会与酒店、宾馆、会议中心等住宿服务提供者签订协议，约定相关事宜，如客房的数量、房型、配套条件以及服务标准等。会议期间，PCO 通常会派工作人员，专门负责住宿服务的落实，一方面跟踪协议规定条款的履行情况，例如是否按照约定的标准向参会代表提供住宿服务；另一方面对计划外的情况与相关负责人予以沟通、协调，例如对临时更换房型、调整房间、增加客房预订等情况的处理。

此外，在会议结束后，还要就退房的事项与参会代表、住宿企业进行充分沟通，以便方便参会代表的形成安排。对于会后滞留人员，也应继续做好住宿服务的落实工作。

二、落实餐饮服务

餐饮服务在会议中承担着双重的功能，一方面，餐饮服务为会议相关人员提供最基本的餐食，以满足生理方面需要；另一方面，会议餐饮服务常常和会议活动结合在一起，还承担着社交方面的功能。

PCO 在会议期间，需要随时跟进餐饮服务的落实情况，例如是否能够保证餐饮服务的安全标准、卫生标准，是否按照协议或合同约定提供相应标准的菜品，是否能够按照约定的服务标准及时供餐等。

此外，更重要的是在此基础上，确保餐饮服务的同时，能够在现场同步实施其他会议相关活动。一般而言，会议越高端，餐饮在会议中承担的社交功能就越重要，相应的餐饮支出的比例就越高。

会议与餐饮服务结合的形式多样，如茶歇、早餐会、午宴、晚宴、酒会等，都需要有专门的工作人员全程跟进和落实。

案例分析

按来宾偏好烹饪小牛排

11 月 8 日上午,主权成员外长非正式早餐会将在国家会议中心的一层多功能厅举行。许锋说,早餐会历时约半小时,将采用自助餐加套餐的形式。据了解,本次早餐会共设 5 道菜,同时餐前、餐后提供饮品和水果。

在主材烹调上,食物原材料均为小牛排。但为规避过敏源,需提前了解外长们的偏好,如牛肉喜欢几成熟,有哪些其他喜好。对此,厨师们将采用七八种不同的烹调方式对食物进行加工、烹调,提供定制服务。

在饮品选择上也很多元,现场准备了 6 种咖啡的冲调。早餐会现场的饮品以流动自助方式进行,服务人员只进行一次询问。

为保证早餐会上菜品的温度、口感,迎合早餐会高效、迅捷的特点,国家会议中心还将厨房从地下挪到一层,最大程度缩短与就餐地点的距离。据悉,本次领导人会议周中,国家会议中心将提供茶歇约 60 次,总计提供餐饮 142 次。

2 000 人用餐需 4 小时翻台

11 月 9 日,工商领导人峰会将在国家会议中心 4 楼会场拉开帷幕。除保证会场服务外,还需在 1.1 万平方米的展厅完成从午宴到晚宴的翻台,整个过程不能超过 4 小时。

“午宴是中式圆桌型,晚宴是站立型自助,都在同一场地吃饭,用餐压力非常大。”许锋坦言,这是在整个会议周期间最具挑战的一天。

从 11 月 9 日下午 2 时开始,服务人员需对 2 000 人的自助午餐进行撤场,在 1 小时内,要将 180 个直径两米的桌子、2 000 余把椅子,以及刀叉筷勺共约 31 500 余件餐具全部清理完;接下来 1 小时里,晚宴所需全部物资要运进场,包括 100 张鸡尾酒高桌、160 张沙发等。下午 4 时至 5 时,晚宴摆台;5 时至 6 时,摆放食品;6 时开始,嘉宾陆续进场。忙碌峰值时,将有约 260 名员工。

(资料来源:京新报)

探营国家会议中心,世锦赛接待处处有惊喜

8 月 22 ~ 30 日,2015 年北京国际田联世界锦标赛将在北京举办。北辰集团旗下的国家会议中心、五洲国际会议中心、北辰洲际酒店等企业将为此次盛会提供住宿、会议等服务工作。

8 月 18 ~ 20 日,第 50 届国际田联代表大会在国家会议中心举办。

2014 年因成功服务 APEC 领导人会议周而大放异彩的国家会议中心,本次世锦赛再次备受瞩目。据了解,国家会议中心将为第 50 届国际田联代表大会等会议提供会议、用餐、办公等相关服务;国家会议中心大酒店接待部分运动员、组委会工作人员、形象大使等。

世锦赛即将开幕，运动员们住得是否舒适？嘉宾们吃得是否可口？代表大会开得如何？近日，记者来到了国家会议中心一探究竟。

每天都有惊喜

去年，国家会议中心接待2014APEC领导人会议周时，老北京四合院、兵马俑等充满中国元素的摆台装饰以及中西结合的特色餐饮至今还被媒体津津乐道，不知道此次他们又带来了什么样的惊喜?

19日中午，刚刚散会的参会者饥肠辘辘地进入午餐场地时，顿时被现场的布置所吸引了：满眼都是田径世锦赛吉祥物“燕儿”、APEC会议时最受欢迎的糖粉雕兵马俑、用巧克力和糖制作的田径比赛等颜色鲜艳的食品雕塑，许多参会者并没有第一时间去取餐，而是围着这些食品雕塑合影留念。中午的西餐自助，针对参会人员地域性广的特点，国家会议中心提供了融五洲风味的国际化特色美食。在这里，参会者不仅吃到了现场烤制的牛排，还有改良版的黄酒焖鸭等美食，使众口不再难调。

20日中午，参会者一步入午餐现场就发现了又一个惊喜：首先映入眼球的是红彤彤栩栩如生的双狮戏球巨型糖粉雕——“开门红”，祝愿代表大会和世锦赛圆满成功；周边取餐台上摆放着寓意美好的果蔬雕“吉祥鸟”“仙鹤”“金鱼戏水”等，还有非常可爱的田径比赛小糖人。现场的布置与前一天截然不同。菜品更是让参会者惊喜，烤鸭等纯中式的菜肴和特色美食，让参会者充分体验了“中国味道”。

第50届国际田联代表大会的会场布置

据了解，国家会议中心餐饮团队为此次大会已精心准备两个月之久，从按照北京市规定的指定供应商选择原料到结合厨师力量准备多套菜单方案，从摆台装饰的整体设计到菜品的营养搭配，反复推敲，精益求精。因为参会嘉宾大多年龄偏大，考虑到健康因素，所以厨师们将菜品制作得稍软些，也尽量避免过甜。另外，上、下午会议间隔时间较短，考虑到用餐的速度，除了热菜外，其他菜品都用小碟独立盛装，便于迅速取食。

国家会议中心服务运营部总监春伯涛说，我们要更多为客人考虑，在达到主办方要求的基础上，给参会者创造更多的惊喜。国际田联及中方组委会对国家会议中心的餐饮服务频频称赞：“井然有序的会场服务、充满田径氛围和中国文化特色的餐厅布置，让我们不得不点赞。”

如家的温暖

有着420间客房的国家会议中心大酒店负责为部分组委会工作人员、形象大使、大会嘉宾提供客房和餐饮服务。为了让世锦赛客人住得舒心，酒店提前对硬件和软件设施进行了全面检修，对客房进行了精心布置，将服务落实到每一个细节。客人从进入酒店的那一刻起，工作人员已满满准备了真诚的微笑及热情周到的服务，为客人打造“温馨的家”。8月17日，世锦赛客人Liesa女士想为一名9岁的小女孩办生日party，她向酒店服务人员寻求帮助。酒店了解情况后，为Liesa女士协调出适合举办生日party的场地，并帮其预订了鲜花、蛋糕，还在客人的要求之外贴心准备了一次性杯子、冰桶、柠檬水，并挂上了happy birthday的卡通彩幅。Party开始时，过生日的小姑娘到来，酒店服务人员热情迎接并祝她生日快乐，小姑娘和客人们都很开心。Liesa 女士很感动，说酒店已经超越了五星的标准，酒店的热情服务让她觉得很温暖。

APEC 服务水准

8 月 18 ~20 日，第 50 届国际田联代表大会在国家会议中心召开，为国际田联世界田径锦标赛赛事活动拉开序幕。据统计，大会举办相关活动 20 场，使用了国家会议中心的全部会议室，来自世界各地 210 个国家和地区会员协会的 630 名国际田联代表参会。

20 日，代表大会圆满落幕。会期只有 3 天，前期准备时间却很长。2010 年，国家会议中心就已经协助组委会进行赛事申办工作了，从提交场馆相关资料到完善场地使用方案等都做了大量的工作。另外，国家会议中心先后接待国际田联考察团、国际田联秘书长、国际田联理事会等重要考察 30 次，无论是硬件还是软件都经受住了考验。为提供完美的会务体验，在大会召开前期，国家会议中心主动提出与组委会建立“一周一会”的工作进程，每周与国际田联中方组委会开会沟通，推进会议相关细节，内部更是召开数次专题会，安排专人负责各项接待工作，落实各项会议需求，以 APEC 水准服务此次大会。

国家会议中心再次用实际行动诠释“中国服务”。确保与会代表在会场拥有严肃、安静的环境，在餐厅及驻地天天有主题、餐餐有惊喜。

（资料来源：千龙网）

思考：

1. 在高端国际性会议中，餐饮服务在会议中的作用有哪些？
2. 会议餐饮服务需要具备哪些条件？

三、落实交通服务

会议交通服务主要包括为参会代表提供的会前、会后的接送服务，以及会场与酒店之间、会议考察过程中的用车服务。落实交通服务首先要确保交通服务的安全管理，例如对司机的安全提示，对于用车情况保持信息的畅通，对于车辆进行必要的检查维护等。

大型会议中，由于参会代表人数多，接送任务繁重，且需要安排多家酒店住宿，因此，要调用大量的车辆，完成会议期间的交通服务。交通服务会影响到会议集体活动的进程、效果，也会增加会议的经费压力，因此需要合理的调度，例如将有用车需求的活动尽量集中安排。

四、其他服务

会议期间，结合参会代表的特点和需求等，也可以提供其他的配套服务。例如订票服务、旅游咨询服务、休闲娱乐服务、医疗保健服务、物流服务、网络服务、金融服务、礼品配送服务、文秘服务等。这些服务，既可以由 PCO 的工作人员负责，也可以由 PCO 联络相关的供应商提供。

案例分析

中行北分为 APEC 会议做好金融服务准备工作

2014 年亚太经合组织领导人会议即将于 11 月初在京召开。中国银行北京分行将为 APEC 会议的 2 个新闻中心提供服务。为做好新闻中心的金融服务工作,北京分行拟派出多名业务骨干,为现场的 3 000 余名中外记者提供金融服务,并在会议现场安装多台 POS 机具和自助设备,提升现金业务处理效率。

为做好 APEC 期间网点金融服务工作,展现中行良好形象,北京分行在网点环境改造、人员培训、服务效率提升等方面开足马力,确保服务工作万无一失。

在做好 APEC 会场及网点金融服务的同时,北京分行运用自身优势,与会议接待酒店、会场周边商户展开合作,共同提升 APEC 会议服务水平。如怀柔支行为 APEC 会议周边"两点一线"商圈内的多家商户安装了收银一体化系统和 POS 机,提供商户收单服务,目前已成功与北控国际会都酒店和北京金雁饭店达成刷卡收银一体化系统合作意向,为上述两家酒店安装了酒店刷卡收银一体化系统(简称 BMP 系统)及 POS 机。另外,北京分行还为国家会议中心大酒店前台工作人员进行操作技能、兑换服务、防假识假等专业知识培训。

服务 APEC 会议是中行北京分行今年的重要工作,为进一步做好会议服务,北京分行将充分借鉴服务 2008 年北京奥运会的经验,高标准、严要求完成各项金融服务,为展示首都银行业良好的精神风貌和窗口形象贡献力量。

(资料来源:法制晚报)

思考:

1. 在国际会议中,金融服务有哪些作用?
2. 为服务好 APEC,银行做了哪些方面的准备工作?

拓展提高

案例分析

第 22 届国际历史科学大会会务信息

尊敬的各位学者、嘉宾:

欢迎来到泉城济南参加第 22 届国际历史科学大会。为保证大会成功举行,让您有更加舒适的参会体验,山东大学组委会愿竭诚为您服务,请您仔细阅读下面的会务信息。

一、接送站服务

(1)组委会将于 8 月 22 ~ 23 日向所有参会代表提供北京首都国际机场至北京南站的免费接驳车服务。接驳车将于每日 5:00 至 21:00,每小时发 1 次班车自北京首都国际机场至北京南站。当您抵达机场到达大厅时，请寻找大会标识及大会接站人员，他们将引领您至机场停车场，并乘坐发往北京南站的接驳车。注意：外宾购买高铁车票需出示护照。

(2)组委会将在8月21～22日每天6:00～24:00及8月23日6:00～18:00在济南机场、济南火车站、济南西客站设立专用摆渡车。您在到达大厅后，将有志愿者引领您乘坐摆渡车前往山东大厦报到点。

(3)其他时间抵达的学者，建议您乘坐出租汽车前往山东大厦报到点。从机场到山东大厦乘坐出租车大约40千米，出租车费加高速公路费约120元；从济南火车站到山东大厦大约6千米，费用约20元；从济南西客站到山东大厦大约16千米，费用约40元。如果堵车，费用可能会增加。

如遇航空管制、天气原因等特殊情况导致航班、高铁晚点，特别是24点之后到达的学者，请及时联络组委会秘书处。

(4)组委会在8月29日14:00到30日20:00提供送站服务。

二、宾馆及会场交通

(1)宾馆信息。

组委会推荐以下离会场最近的五家酒店供嘉宾选择。您可以在大会官网(http://www.ichschina2015.org/cms/)预订或自行预订。

中国电源为220 V交流电，插座为两相扁口或三相扁口。酒店未必有足够的转换插头，建议您自备。以上酒店房间都提供免费的有线或无线网络。

(2)宾馆到会场之间的交通

为方便住在舜耕、舜德、舜元3个宾馆的嘉宾前往会场，大会免费提供来回班车，嘉宾凭参会证乘车。

三、注册签到

(1)大会组委会在山东大厦设立注册签到处，具体时间如下：

8月21日(周五)　10:00～21:00

8月22日(周六)　8:00～21:00

8月23日(周日)　8:00～21:00

8月24日～27日　8:30～17:00

(2)签到采用二维码识别技术。请您到达之前登录大会网站，在您的个人信息中下载二维码，保存在手机或打印出来，签到时交给工作人员，或出示您的注册号码。

(3)已网上注册参会但未能提前交纳注册费的嘉宾，请现场交纳注册费(人民币现金或刷卡)。

(4)签到后，请领取胸牌、开幕式入场券、会议包，包内有会议手册、纪念品等。请领取3次招待会的餐券，并注意保存。以学生身份注册免交注册费的同学不能领取餐券，入选墙报展示的研究生享有餐券。

(5)报销交通费的国外学者请将票据交给财务人员，报销时以美元付款。

(6)请在注册台登记住宿及离会信息,以及是否需要送火车站、机场。此服务仅限于29日下午2点到30日晚上8点。

四、餐饮

(1)大会共安排3场招待会,具体如下:

8月23日19:15,山东省人民政府在山东大厦和南郊宾馆同时举办欢迎晚宴。

8月26日18:00,中国史学会在山东大厦举行招待会。

8月29日13:00,山东大学在中心校区举行欢送午餐。

所有宴会均需凭当天餐券和参会证入场,请注意餐券所指示的就餐地点和桌号。

(2)山东大厦和南郊宾馆在午间和晚间都提供价位不同的自助餐,具体费用请咨询酒店。

(3)山东大厦齐鲁厅和南郊宾馆四层商务休闲吧设有阿訇监厨的清真餐厅,具体位置请咨询酒店。

五、出席会议及会场服务

(1)各会场都配有PPT展示设备,请在会议开始前30分钟将电子文档交给会场服务人员。

(2)大会开幕式及24~25日主题会议设有英汉同声传译。

(3)请您在出席大会开幕式、欢迎晚宴时尽可能着正装(室内温度为22摄氏度)。

(4)会场免费提供瓶装水,会场外每天10:15~11:15及15:15~16:15提供茶水、咖啡等。

(5)组委会秘书处办公室设在山东大厦三楼(从大堂乘电梯或走旋转楼梯),内设立信息服务中心,并提供打印、电脑及电话、网络服务,开放时间为每天9:00~17:00。

六、展览与文化活动

(1)会议期间,国外及本地多家出版社将在山东大厦长廊举行图书展览。济南市政府及波兰(下一届国际历史大会申办国之一)大使馆也将在此展示极具地方特色的艺术作品。

(2)会议期间,山东省博物馆、山东省文化馆、山东省美术馆、济南市博物馆、章丘市龙山文化博物馆、山东大学博物馆、山东大学校史馆以及山东大学中华传统文化体验基地等将开展一系列文物、非物质文化遗产、艺术等展览活动(详见资料包内《第22届国际历史科学大会期间参观展览项目一览表》)。嘉宾可以自主选择参观考察,请事先向大会组委会登记。组委会将根据报名情况统一安排车辆。详情请咨询大会组委会。

七、旅游服务

关于山东省内外旅游信息咨询及预订服务,请到大会注册台旅游窗口咨询。

联系人:李×　电话:1521012××××　电邮:ichs2015pco@126.com

八、医疗保险及卫生服务

(1)会议期间,大会组委会为嘉宾提供紧急医疗服务,电话:(0531)8162××××、8162××××、8162××××。如您有紧急医疗需求,请立即与现场工作人员(志愿者)联络,或拨打紧急电话120。

(2)建议国外学者来华前自行购买旅行保险。

九、宗教场所及祈祷室

(1)为尊重与会学者不同的宗教信仰,组委会推荐济南的下列宗教场所,供有需要的嘉宾前往访问。如果需要志愿者带领,请向大会组委会预约。

佛教:兴国禅寺,历下区千佛山风景区内(经十一路18号)

道教:升阳观,济南市西公界街寿康楼4号升阳观(吕祖庙)

天主教:洪家楼教堂,历城区洪家楼1号

基督教:裕忠里教堂,槐荫区裕忠里55号

伊斯兰教:清真南大寺,市中区永长街47号

(2)组委会在山东大厦专门设立祈祷室(山东大厦802室),有需要的学者请向组委会咨询、登记使用时间。

十、志愿者

主要由山东大学学生组成的大会志愿者,统一穿着带有大会标识的白色T恤。无论您在哪里,遇到问题时请向身边的志愿者寻找帮助,他们会竭诚为您提供全方位的咨询和服务。

十一、其他信息

(1)消费提示。中国境内通用货币为人民币,请出行前兑换足够现金。中国大部分商场、宾馆、餐厅都可以使用信用卡。会场周边有中国农业银行、光大银行,都可以兑换美元等主要外币。

(2)会议期间,济南天气平均温度为22~32摄氏度之间,中午温度较高,请携带合适衣服。济南正值雨季,请携带雨具。

(3)济南市常用紧急电话

报警电话:110

医疗急救:120

火　　警:119

交通事故:122

十二、特别提醒

参会证(胸卡)是嘉宾会议期间参加会议、就餐、乘车及其他社会活动的重要证件。组委会要求每位嘉宾会议期间全时间佩戴。如有丢失,请立即向大会秘书处挂失、补办。

十三、大会组委会秘书处及联系方式信息平台

秘书处设在山东大厦三楼。

值班电话:(0531)8162××××、8162××××、8162××××(全天值班)

电邮:cish2015@sdu.edu.cn

信息平台(刊载大会动态及日程异动):

官方网站:http://www.ichschina2015.org/cms/

手机微网:m. ichschina2015. org

大会微博:http://weibo. com/u/5408079528

大会微信号:ICHS2015

最后,再次感谢您的光临,祝您在此次历史科学大会上有丰厚的收获,愿好客山东给您留下愉快、美好的印象!

(资料来源:大众网)

思考:

1. 本次大会安排了哪些会前接待服务?

2. 现场注册工作都有哪些内容?使用了哪些信息化方法?效果如何?

3. 会议期间安排了哪些参观考察?

3. 会议现场提供哪些方面的会场服务?

4. 会议期间提供哪些辅助性的配套服务?

思考练习

简答题

1. 会议配套服务中最重要的是哪几类服务?
2. 餐饮服务在会议中的功能有哪些?
3. 会议交通服务主要包括哪些内容?
4. 除了基本的配套服务,会议期间还会为参会代表等提供哪些其他服务?

单元要点归纳

会议现场服务是对会议计划和筹备工作的执行和实施。临近会期,需要在短时间内完成参会代表的接待工作,为会议开幕做好准备;会议期间,各会场和会议活动都需要有工作人员在场,提供相关服务;此外还有辅助性的餐饮服务、住宿服务、交通服务、咨询服务等,需要一一落实。在此期间,需要保证各项设施设备的正常运转、关键人员的准时到达、各项活动按照计划的时间和预期效果顺利推进。

会场接待工作是会议现场服务的开端。接站服务可以帮助参会代表及时准确到达会议现场,顺利完成现场注册工作,熟悉会议场地,为会议开幕做好准备。会议现场注册是参会代表抵达后,接触到的第一个会议活动,能否从一开始就给参会代表们留下良好的印象,现场注册工作的服务和管理起着直接的作用。大型会议的现场注册需要在相对较短的时间内完成大量参会人员的审核,程序要尽可能简单,注册速度要尽可能快,节省参会代表的时间,需要做好充分的准备工作。现场注册要做好 4 个方面的工作,一是注册材料的准备工作要充分;二是要尽可能提前让所有参会代表都了解现场注册的程序;三是注册台搭建要合理,要保证足够大的注册空间和利于人流疏散的布局;四是现场注册工作人员应具备相应的工作能力和经验,提前培训和演练,并保留一定数量的机动人员。

为了配合会议相关人员顺利完成各议题的讨论,需要在会场提供一些辅助性的服务。会场服务多为劳动力密集型的标准化服务,会议开幕前、每一个独立议题会议开始前、需要变换场地时,安排专门的工作人员,在会议现场的通道、门口、大厅等地点,进行场地指示或引领。此外,在大型会议中,会议活动结束后,也需要会场引导人员引领参会代表从不同的线路,有序离场。会议进行过程中,做好会议室服务。根据不同的会议形式和会议活动,会议室服务也不尽相同。会议服务人员一般都是由会议场地提供,但是在大型会议中,有时需要招募临时的志愿者参与会场服务工作。在涉及专业会议设施设备的会议活动中,设施设备的提供方、出租方,通常会派专业技术人员在现场操作、监控。

会议是一种群体性活动,在会议活动举办的场所、所使用的设施设备以及交通、食宿等配套服务的提供过程中,都需要进行必要的安全保障服务。在大型会议、国际会议中,安全保障的要求尤为突出。安全保障在会议的活动的举办中,既是相关法律的规定,也是会议活动本身的需要。除了需要按照国家的法律规定,保障相关人员的人身安全、财产安全,还需要保障相关权益主体的信息安全。会议安全保障措施包括硬件和软件两个方面,两方面结合才能达到良好的安保效果。

会议的层次越高、涉及的区域越广、参会代表的人数越多,在安排和落实会议配套服务时,就需要更全面的计划和周密的实施。会议期间的配套服务,由不同的供应商提供,这些外包服务,基本都与 PCO 签订了服务协议或合同,PCO 在会议期间需要参照会前协议,对各个环节的服务安排进行落实,承担联络、监控的职能,此外,对于一些计划外的情况,也须与供应商保持沟通、协调,做出安排。结合参会代表的特点和需求等,也可以提供其他的配套服务。

第四单元　会后工作

单元概述

会议的所有议程进行完毕，参会代表陆续离开会场，至此宣告会议结束。而对于会议组织和服务人员来说，工作进入到会后环节。会后工作主要包括对参会代表的送别、滞留人员的服务、会议现场的清理、设备归还及费用结算、编制会议费用结算表、会后评估工及会后总结工作等。会后工作的有效开展对内可以发现问题、改进不足、总结经验，对外可以维系各种客户关系、保持联系、延伸合作。

单元目标

- 能引导参会代表安全有序离开会场，能制订送别服务计划并实施
- 能安排工作人员对会场进行清理工作，回收会议用品、及时归还租赁设备
- 能完成相关会议费用结算，会编制会议结算表
- 能为特定会议制定会议评估方案，会从事会议问卷调查工作

学习任务1 会场善后工作

任务概述

会议议程全部结束后，组委会需要根据场地租赁协议中的约定，在特定时间清理会场、恢复原貌。会场的善后工作包括人员的及时、安全离场以及物品、设备等清离现场。针对参会代表，要安排送别、滞留人员的服务；针对现场物品和设备，要进行拆除、清理或回收，并及时将租赁设备及时、完好归还，并结清费用、退还押金等。

任务目标

- 能引导参会代表安全有序离开会场，并制订送别服务计划
- 能安排工作人员对会场进行清理工作，回收会议用品
- 能安全、及时归还租赁设备并完成费用结算

学习内容

一、引导离场与送别

1. 引导参会代表及时安全离场

大型会议结束后的参会代表离场，应当事先安排好通道、路线、引导人员，以保证人员的安全、及时、有序离场。引导人员离场有以下技巧：

(1) 不同参会代表离场时间有先后，例如主席台人员先行离场；

(2) 会场不同区域参会代表通过不同的通道离场，如就近选择出口离场；

(3) 制定不同的路线离场，并通过路线的不同远近错开时间，避免拥堵；

(4) 不同离场路线安排指定的工作人员进行引导，各司其职、各行其道；

(5) 选择多个地点进行二次人员分流，如停车场、门口、大厅等空旷区域。

2. 送别服务

对于预定了送站服务的参会代表，应事先进行信息统计，统筹安排车辆。

(1) 根据不同如交通工具选择制定送别路线，如机场方向、火车站方向、码头方向、长途汽车站方向；

(2) 提前确定人数，预订规格适当的车辆，如大巴、中巴、商务车、小汽车等，尽量保证不空座；

(3) 如果需要分批次送别，则应根据参会代表返程票的出发时刻为序，事先安排车辆到位，保证人员迅速、有序撤离；

(4)根据参会代表的身份、职务、个性需求等,制定针对性的送别服务,如一对一服务、专车送别等;

(5)根据时间段及路况等因素,安排行走路线,避免堵车造成时间延误,保证人员安全及时到达站点。

3. 滞留人员服务

会议结束后,可能会有一部分参会代表出于旅游、考察等原因,还需做短暂停留。如有必要,组委会应当根据参会代表的具体需要,继续做好服务工作。

二、清理会议现场

参会代表离场后,会议场地的活动全部结束,根据会场的租赁协议,组委会需要在约定时间,将会议现场的临时性布饰拆除,将会议使用的物品、资料、设备清理,保证会议场地恢复原貌。根据不同物品的使用情况、保密要求等,一部分需要清理,一部分则需要回收,而租赁设备则需要及时归还。

1. 清理会议物品、拆除临时布饰、拆卸会议设备

(1)清理现场的所有自带物品,并分类归置,如会议现场纸张、会议文件、宣传材料、台签、证件、水杯等;

(2)拆除临时布饰,如会徽、横幅、标志、展板、地毯等;

(3)拆卸会议专业设备及器材,如投影仪、音响设备、灯光设备等,并妥善保管,专业设备及电路设备等需要由专业技术人员亲自拆除。

2. 根据使用情况、保密要求等分类处置

(1)会议中会使用到大量的一次性用品,如纸张、宣传材料、横幅、气球等,对于普通的耗材,可以直接处理;对于有保密要求的重要会议文件,如无须保存,则应当即时用碎纸机销毁,不留纸屑于会场,以防止泄密;对于可以继续使用、有存档要求的会议文件资料,则应当场收回;

(2)对于可以重复利用、需要回收的物品,可根据会议筹备期的会议物品清单,逐一清点、统计数量并进行记录;

(3)参会代表遗失在会场物品,应要妥善保管,并尽可能同失主联系。

3. 回收物品和资料分类统计,责任到人

(1)回收物品做好数量统计,编制清单,及时汇总和反馈损耗情况;

(2)贵重的物资及专业会议设备由专人负责保存;

(3)重要会议文件和资料由专人回收、保管、存档;

(4)租赁设备检查是否完好并及时归还、退还押金,如果损坏要按照约定予以赔偿。

三、归还租赁设备

会议现场使用的设备比较多,部分设备在租赁时就已经包含现场服务以及会后拆除等协议,出租方会派专门的技术人员在会议现场进行操作和维护,并在会议结束后负责清理、拆除、归还等,例如专业的演出设备、灯光。如需亲自归还,则应有专人在会议结束后负责及时归还,归还前要检查是否完好,如果损坏需要上报并按照约定予以赔偿。不需要赔偿的,归还时要特别说明或修理好后再归还。

租赁设备有的是以天计时,有的是以小时计时,如归还时间延迟,可能需要额外计费,不同设备使用的时间段不同,如条件允许,可以分多次、分多批归还,这样,既可以防止保存不当造成设备损坏,也可以防止浪费不必要的租赁费用。

设备归还时,应填写设备归还清单,注明设备的型号、数量、归还时间等信息,由设备提供方的相关负责人员在归还清单上签字确认设备完好,完成交接工作。

四、结清相关费用

会后,当会议现场的所有工作的完成后,PCO 需要按照事先的约定,与会议外包项目的各个供应商结清全部费用。财务工作人员应根据事先约定的费用支付方式,如现金、支票、转账等做好相关准备。会后费用支付,主要是会议场地租金、设备租金、场地搭建费、交通费等。在结清费用的同时,索要规范的财务单据,以备后续为会议主办方编制结算表、进行结算。

拓展提高

财务单据是配套记账凭证使用,它属于原始凭证。财务单据是对每一笔经济业务的发生,在财务上反映为单据的书面依据。财务单据是根据公司财务部门制度要求来使用填写,常用的财务单据有费用报销单、支出凭单、借款单等。

怎样整理会计凭证?

财务的记账过程,就是一个对单据进行整理、归纳、分类、定性的过程。每一笔经济业务的发生,在财务上反映为单据的书面记载。单据的填写和单位的各个部门有关,财务部门需要根据单位制定的财务制度,对单据的使用、填开等做出详尽的要求。而对单据的整理等工作,则是财务人员必须谙熟的基本功之一。

1. 会计凭证的分类

会计凭证主要分为原始凭证和记账凭证,常用原始凭证有因具体业务发生所开具或收到的发票、各单位自制的入(出)库单、工资表以及印制填写的费用报销单、支出凭单、借款单等。记账凭证是根据审核无误的原始凭证或汇总原始凭证,按照经济业务的内容加以归类并确定会计分录而填制的凭证。

2. 原始凭证的粘贴要求

财务部负责人应制定并规范单位财务制度,事先派专业人员指导各部门对各类票据正确填写。原始票据的粘贴是一项日常化的工作,所有票据一般使用液体胶水粘牢左方的票头,把发票纸张大小相同、票面金额相同的粘在一起,多张纸张小的先粘贴到印制的报销单据粘贴单上,从右至左,两张票据不完全重合,便于翻找核对金额。

3. 记账凭证的整理要求

一笔款项在支付或一项经济业务发生后,票据传递到财务记账人员手中,出纳据以记账并做到日清月结,负责编制记账凭证的财务人员检查单据是否保持完好、整齐,对经济业务性质相同的归放在一张记账凭证里,并予以编号。

每个单位从管理角度出发,在核算各项支出时一般会分部门核算,在填制记账凭证前,可以将同一部门的相关单据搁放在一起,简化工作量。

记账凭证编制完成后,负责凭证审核岗位的财务人员对每张凭证逐一审核。记账凭证的打印一般在凭证审核完成之后,连续打印,使用专用配套纸张。打印后与对应的原始凭证粘贴在一起,注意一般是将左上角粘牢即可,不必将纸张左侧全部粘紧,对于原始凭证较多的,可以不进行粘贴,折叠整齐,顺序放置,然后用回形针别紧,装订时再一并装订。

思考练习

简答题

1. 大型会议中,会议结束后如何引导参会代表及时安全离场?
2. 会议结束后如何清理会场物品?
3. 须回收的会议物品和会议资料应如何进行相关工作?

学习任务2 编制会议决算表

任务概述

会议结束后,PCO和主办方都需要对实际的会议收入、支出情况有所了解。PCO应在各项费用全部结算完成后,根据各类费用结算单据为依据,编制会议决算表,并需要与会前的会议预算进行对比、分析,提交会议结算结果。

任务目标

- 会编制会议的结算表

学习内容

一、会议决算的内涵

会议决算是在会议结束后编制的,用以反映会议实际收支情况的财务文件,会议决算的内容应包含从会议策划、筹备、组织、实施的全过程中发生的全部实际费用收支项目。

1. 会议预算与会议决算的关系

会议决算与会议预算是相对应的,会议预算是计划,会议决算是对计划执行情况的总结。会议各项费用的收支,通常都是以预算为参照的,不能与预算有太大的背离。

2. 各项会议结算单据是会议决算的凭证

结算亦称货币结算,是在商品经济条件下,各经济单位间由于商品交易、劳务供应和资金调拨等经济活动而引起的货币收付行为。会议决算的主要依据是各项费用的财务单据,在提交会议结算结果的同时,须附上会议筹备期、会议期间以及会议结束后所有的结算单据,并分类整理。

综上所述，会议决算是对会议实际收支情况的真实说明。

二、编制会议决算表

会议决算表是对会议实际发生费用的统计和总结，表格的编制方式与预算表基本相同，按照类别分类。在会议决算表后面，应附表说明会议结算单据的类型、数量、金额等，如有必要，还应编制结算单据明细表，最后附上分类整理的原始结算单据。

表 4－1　　会议决算表范例

<table>
<tr><th>序号</th><th>项目</th><th colspan="2">内容</th><th>数量</th><th>市场价</th><th>协商单价</th><th>总价</th></tr>
<tr><td rowspan="3">1</td><td rowspan="3">场租</td><td colspan="2">会议室名称 1</td><td></td><td></td><td></td><td></td></tr>
<tr><td colspan="2">会议室名称 2</td><td></td><td></td><td></td><td></td></tr>
<tr><td colspan="2">会议室名称 3</td><td></td><td></td><td></td><td></td></tr>
<tr><td rowspan="5">2</td><td rowspan="5">餐饮</td><td colspan="2">早餐</td><td></td><td></td><td></td><td></td></tr>
<tr><td rowspan="2">中餐</td><td>套餐</td><td></td><td></td><td></td><td></td></tr>
<tr><td>桌餐</td><td></td><td></td><td></td><td></td></tr>
<tr><td rowspan="2">晚餐</td><td>套餐</td><td></td><td></td><td></td><td></td></tr>
<tr><td>桌餐</td><td></td><td></td><td></td><td></td></tr>
<tr><td rowspan="4">3</td><td rowspan="4">其他</td><td colspan="2">礼仪接待</td><td></td><td></td><td></td><td></td></tr>
<tr><td colspan="2">会务交通</td><td></td><td></td><td></td><td></td></tr>
<tr><td colspan="2">会场布置</td><td></td><td></td><td></td><td></td></tr>
<tr><td colspan="2">其他服务</td><td></td><td></td><td></td><td></td></tr>
<tr><td colspan="8">合计：　　　　　元（大写：　　　　　　　）</td></tr>
<tr><td colspan="8">备注：</td></tr>
</table>

表 4－2　　会议结算单据统计表

序号	项目	张数	金额	备注
1	会场租赁费发票			
2	餐费发票			
3	交通费发票			
4	印刷费发票			
5	工程费发票			
6	办公用品发票			

三、如何控制会议预算

会议费用的使用应该严格遵守和执行会议预算，但是由于会议人数变动、相关物料和价格波动以及突发状况等原因，超出预算费用或预算外项目费用发生等情况是不可避免的。一般在主办方与 PCO 签订服务合同时,会将不可控因素考虑在内,允许会议支出适当地超出会议预算,但须控制在一定范围内。

主办方与 PCO 应就会议预算的管理达成一致。对于超出预算的费用在使用前,应该与相关的负责人进行汇报,说明情况,一方面是管理的需要,另一方面也对于责任予以划分。

表 4-3　会议预算超支情况说明表

部门		经办人		日期	
预算内容:			超支金额:		
超支情况说明:					
负责人签批:					

会议结束后,通过提交会议决算表,对会议预算的执行情况进行对比、分析和说明,撰写报告,提交会议主办方。

知识补丁

PCO 财务管理相关规定

一、现金管理工作

1. 对于会务费、联合主办者收入等涉及的现金收支,要当面点清金额,并注意票面的真伪。若收到假币予以没收,由责任人负责。设置现金日记账,及时逐笔登记收付现金,做到账款相符。

2. 现金开支需符合规定范围,不属于现金开支范围的业务应通过银行办理转账结算 ,把每日收到的现金送到银行。

二、存款管理工作

1. 做好各类赞助费的收支,做好银行存款、取款和结算工作,并及时逐笔登记。

2. 对于与会者的注册登记,做好注册费的管理,熟悉银行各种付款方式和凭证填制,严格按照银行存款管理规定办理银行结算业务。

三、支票、汇票、发票、收据等票据管理工作

对于在与会期间,与酒店等各方便发生的费用,按规定做好各项支出结算票据的登记、领购、填制、保管、回收、缴销工作。

四、核算、监督工作

1. 算出会议最终成本、支出、收入等各类资金运行情况。

2. 编制会议预算、结算,做好收入、支出、费用、债权债务等业务的凭证表格填制、账簿登记工作,做银行账和现金账,并负责保管财务账。

通过会议决算工作,会议主办方和 PCO 可以对会议的收入、支出情况有一个全面的了解,便于会后总结经验教训,为今后工作提供参考。

拓展提高

怎样避免会议活动超出预算

首先,会议策划者应当清楚会议的目的,因为这一条是制定会议预算的基础。会议策划者,要明白企业以及参会者想从会议中得到什么,并以此来安排会议目的地、会议日程以及会议花费等。

一旦会议的目的确立之后,评价会议的需求就成了关键,例如,场地面积要求、会议日程和功能规划,以及会议放在一周的什么时间举办等。以上所有因素都会对预算产生影响。

会议策划者需要熟悉会议客人,如果他们的级别较高,成本可能就会更高一些。特别的需求,例如餐饮需要,会影响餐饮成本。客人们来自哪里会影响到会议的地点的选择,当然也会影响到成本。在收集了以上信息之后,会议策划者应当起草一个预算计划,以帮助计算收入和支出。回顾一下上一届会议的历史,如果有的话,就有助于降低会议相关的成本。

会议花费一般分为以下几个部分,包括客房、交通运输、餐饮、视听、印刷材料、行政管理、娱乐、演讲人报酬等。在每一个种类中,预算策划应该包括 3 个栏目:一是预期投入;二是实际花费;三是这两者之间的差额。"是否具体按照以上三点来做并不重要,重要的是要明白你关注的是会议成本的底线。"在每一个开支项目中,把与会议开支相关的内容都找出来,包括所有的税款、展览费用、服务费用、赠品费用,以及一些附加费用,例如高尔夫俱乐部的租金等。

如果说会议可以带来收入,例如赞助收入,建议制作一个收入数据表格。当然,只有在会后才能知道精确的数字,一般需要留出 10% 左右的预算作为不可预见开支。

防止突破预算的 20 种方法:

1. 限制有权签字人的数量。
2. 如果使用量较大,不妨租赁一台传真机或者是复印机。
3. 相同的房间安排相同的 AV 配置。
4. 联系已在该城镇里演出的娱乐明星为本次会议演出。
5. 使用你自己的活动挂图和标记。
6. 提供普通早餐。
7. 缩短接待时间。
8. 通过消费量来预订餐饮,而不是以平均每人消耗的数量来计算。
9. 减少晚宴上菜点的数量。
10. 提供清淡午餐。
11. 有必要的时候提供盒装午餐。
12. 通过谈判压低会务组及演讲人客房的费用。
13. 聘请地方的演讲者。

14. 为就餐寻找赞助。
15. 使用循环利用的徽章。
16. 雇用学生服务人员。
17. 组织由参会代表自行承担费用的交流晚宴。
18. 预订优惠时期或者非高峰时期的场所。
19. 就餐采用“随身管家”服务。
20. 在当地城市印刷材料,以减少运费。

(资料来源:中国会展门户)

思考练习

简答题

1. 简述会议预算与会议决算的关系。
2. 如何控制会议预算?
3. 会议结算单据有何作用?

学习任务3 会议评估

任务概述

从管理的角度,会议评估是事后控制的一种管理理念和方法,对于反复性操作的业务具有积极的改进和提升作用。以小组为单位,讨论一个会议举办得成功与否应该由哪些人员来进行评价、应该通过哪些标准来评价以及通过什么方法来评价。罗列出对会议进行评价的人员、指标、方法。谈一谈通过会后的评价,对于会议主办方和PCO会有哪些具体的作用。形成小组意见,在课堂进行阐述和讨论。

任务目标

- 会为特定会议制定会议评估方案
- 能进行会议问卷调查工作

学习内容

现代会议活动以外包的形式,成为一种全新的服务型产品,存在着各种供需、买卖、承包关系。对于会议进行评估,是衡量相关服务质量的重要途径。

一、会议评估的含义

1. 会议评估的定义

会议评估是指根据一定的目的和标准，遵循一定的原则，运用科学的方法，对会议活动各项要素及其社会经济效益等方面进行质和量的综合评价活动。会议评估就是在会议活动结束后，对会议作出做出的综合评价，以全面正确评估办会的实际效果和效益。

2. 会议评估的目的

(1)全面评价会议方案的执行情况。

(2)评估会议的目标的实现情况。

(3)评估会议的成本及效益如何。

(4)评估参会代表对会议各个活动的内容设置和服务质量的满意度。

(5)评估会议的组织策划与服务管理水平。

3. 会议评估的作用

(1)会议主办方通过会议评估，可以全面评价会议方案的优点与缺陷，了解方案的执行情况，或者找出影响方案执行的各项因素；对会议项目的整体成效、宣传效果、接待成果、成交结果、经济效益等各个方面展开全面总结和评估。进而为更好地制订下一届会议的方案和进行项目可行性分析提供依据。

(2)组委会通过会议评估发现在方案执行过程中存在的问题，分析问题产生的原因，以便有针对性地、更有效地加强和改进，进而提高会议服务和管理的水平。

(3)现代会议活动的举办涉及总体服务和单项服务的外包，也涉及不同组织和企业工作人员的共同参与，通过会议评估可以客观地衡量不同组织、不同人员在会议中的表现，进而为未来的外包合作决策以及绩效考核等提供参考。

案例分析

各国代表高度评价气候谈判天津会议办会出色

为期6天的联合国气候谈判天津会议落下帷幕。参会各国代表对中国承办这次会议表示赞赏，认为会议设施先进，组织工作出色，为大会的顺利举行创造了良好条件，对整个气候谈判起到了积极的推动作用。

《联合国气候变化框架公约》秘书处执行秘书克里斯蒂娜·菲格雷斯在会议期间的多个公开场合赞扬中国承办这次会议，对中国政府和天津市在较短时间里的细心筹备表示感谢。她说，中国在仅有的两个月时间完成了准备工作，而且中方“工作人员牺牲了节假日时间，为大会提供了一流的设施和后勤支持”。

天津会议的设施、交通、环境受到与会者的一致好评。联合国开发计划署政策专家汉尼·米斯特斯说，“天津会议的会场和设施非常现代，会议组织工作也很出色”。全球气候行动组织的项目负责人保罗·赫斯曼说，天津先进的场馆设施、便捷的交通、舒适的食宿、优美的环境，是整个中国经济社会蓬勃发展的写照。

与会代表对天津方面绿色办会的细节赞不绝口，认为“这显示了中国践行节能减排的决心”。天津市政府副秘书长朱军介绍，天津为会议提供了50辆纯电动、零污染大型客车，用于接送参会代表；会议倡导无纸化办公，会场内设有多个绿色空间站，用于废旧纸张的回收；为嘉宾提供的具有天津特色的一些纪念品，其材质和包装都是天然无污染的；会议场馆天津梅江会展中心本身就是一座绿色节能建筑。

也门代表阿卜杜拉·阿里说，会场内外处处显现的低碳细节和绿色元素，让人印象深刻。许多代表称，天津绿色办会的做法证明了中国倡导的节能减排是具体的行动。

参会代表普遍表示，中国承办此次气候谈判会议，是对联合国气候公约框架下的气候谈判的坚定支持，为推动气候谈判进程作出了重要贡献，体现了负责任大国形象。

克里斯蒂娜·菲格雷斯将中国政府主动承办这次会议解读为中国对推动谈判进程的承诺。她说，这是一个很重要的贡献，也是一个很重要的信号，清楚地表明中国支持由联合国主办的政府间会议。同时她认为，从承办会议到实施减排计划，中国对联合国应对气候变化行动，展示出“支持、意愿和弹性”。

联合国新闻联络处负责人约翰·海伊说，通常情况下，联合国的会议选择在哪里举行，是先由有意愿承办的国家提出申请，再由联合国秘书处审核考察后决定。中国提出承办申请并愿意为会议提供场所相关经费，表明了中国对推动气候谈判的诚意和贡献。

（资料来源：新华网）

思考：

1. 本案例中，哪些人员对会议提出了评价？

2. 这些评价分别是针对会议的哪些环节和方面？

3. 这些评价对会议主办方和PCO分别有哪些工作和业务上的参考？

二、会议评估的参与者

现代会议是综合性的活动，在会议的举办过程中，参加会议的所有人员和机构，都可以从不同的方面、不同的环节，对会议的效果提出有价值的意见。

1. 会议相关人员

（1）参会代表：如果将会议看作是一个服务型产品，那么通过缴纳注册费取得参会资格的参会代表是会议活动和会议服务的主要顾客，他们参加了会议的主要过程，例如会议的宣传促销、报到注册、会议的演讲讨论、会场的服务、参观访问、社交活动、会议附带展览、赞助商活动等，以及会议配套的餐饮、住宿、安保等，几乎所有的会议活动他们都亲身参与过，因此，参会代表对会议举办效果和会议服务工作的优劣最有发言权，是会议评估中最主要的参与者。

（2）随行人员：随行人员在会议中主要是参加一些宴会、酒会等社交活动，以及由会议专门组织的参观、访问、旅游等休闲娱乐活动，这些活动也是会议产品的有机组成部分，他们对这些活动组织工作的水平有直接的感受，也能从侧面对会议中的特定活动和环节做出客观地评价。

(3)特邀代表、主题发言人等:特邀代表、主题发言人通常是会议所在行业和领域中,具有一定权威性和专业性的人员,他们了解行业、了解专业,对于专业问题具有深度的认识和看法。此外,他们可能参与过许多同类会议活动,可以给出一些横向的对比性的评价。

2. 外包服务供应商

会议举办过程中,参与会议相关业务承包的企业较多,而真正与参会代表等人员直接接触、在一线岗位提供服务的,主要是外包企业中的员工,他们在各个会议活动的现场,亲自参与了工作的特定环节和过程,对于工作流程中的不合理之处有切身的感受,因此,供应商企业的员工可以通过工作描述与述职报告等方式评价会议的策划组织工作情况。

(1)PCO。

(2)会议中心、会展中心酒店等会议场所提供企业。

(3)酒店、宾馆等住宿企业。

(4)餐饮企业。

(5)其他。

3. 会议相关组织

以下会议相关组织和单位,在会议举办的不同环节和进度中,均不同程度地参与到了会议的相关工作中,也能提出有价值的参考意见。

(1)主办方。

(2)承办单位。

(3)协办单位。

(4)支持单位。

(5)赞助单位。

(6)媒体单位。

4. 其他

其他参与了会议活动策划、组织和现场服务的工作人员,例如对于有会议附带展览的会议,参展商能够针对会议附带展览的招展宣传、招展工作、报名、进场、展览展示、撤展的全过程,对会议附带展览有更直观的感触;在会务中临时招募的志愿者,他们多为在校学生、有学习的主动性和有工作的热情、善于发现问题和思考,也能对会议工作带来新颖的意见。

三、会议评估的内容

会议评估是对会议从筹备到会议总结全过程的评估,因为会议的任何一个环节,都关乎会议的成功与否。

1. 对会前筹备工作效果进行评估

对会前筹备情况的评估,包括以下因素:

(1)会议主题和议题的选择是否有价值;

(2)会议议题的数量是否得当;

(3)会议议程是否合理、完备;

(4)每一项议题的时间分配是否准确、合理;

(5)参会者人选、人数是否得当;

(6)会议时间、地点选择是否得当;

(7)会议通知的时机是否得当;

(8)会议通知的内容是否周详;

(9)会议场地布局、布饰等是否得当;

(10)会场标示系统设计是否合理;

(11)会议专业设备是否完备;

(12)参会代表是否做了充分准备;

(13)会议前期宣传效果如何;

(14)会议的住宿、餐饮是否安排妥当;

(15)其他会前工作是否周密。

2. 对会议现场服务与管理效果进行评估

对会议进行中各环节的评估,主要考虑以下因素:

(1)会议接待工作效果;

(2)会议是否准时开始;

(3)会议人员是否准时到会;

(4)是否有会议秘书在做记录;

(5)会场自然环境如何,是否存在外界干扰;

(6)会场人文环境如何,参会代表之间是否有交头接耳现象;

(7)主持人是否紧扣议题进行主持(是否离题);

(8)会议是否由少数人垄断;

(9)主题发言及讨论是否紧扣议题(是否离题);

(10)参会代表是否能表明真正的感受或意见;

(11)参会代表之间是否有争论不休的现象;

(12)参会代表是否与会议主席有争论,情况如何;

(13)视听设备是否正常(是否发生故障);

(14)参会代表是否热心于会议;

(15)会场气氛是否热烈;

(16)会议决策是否正确(是否符合实际,是否有偏颇之处);

(17)会议议程是否按预定时间完成(会议是否按预定时间结束);

(18)主持人是否总结会议的成果;

(19)会议的欢迎宴会、欢送宴会是否得当;

(20)参观、访问、游览活动安排的合适性、安全性如何;

(21)其他因素。

3. 对会后工作效果进行评估

会议议程结束后,还有一系列工作要做,做得如何,也需要评估。会后效果评估主要考虑以下因素:

(1)会议记录是否整理好;

(2)是否印发会议纪要和会议简报;

(3)会议决议是否落实;

(4)是否对参会代表的满意程度进行调查;

(5)对会议的成败得失是否进行总结;

(6)已完成任务的会议委员会或会议工作小组是否解散;

(7)其他因素。

四、会议评估的方法

1. 问卷调查法

调查问卷可以通过以下几种方式进行:

(1)现场手工填写,即把调查问卷用纸印刷出来,在适当的时候发给评估者,请其现场手工填写。

(2)现场电脑填写,即把设计好的调查问卷放置在电脑中:请评估者现场在电脑上填写,所有评估者填写完毕后,电脑即可统计出调查问卷中量化的部分。

(3)会后电脑填写,会议结束后,把调查问卷发到评估者的电子信箱里,请评估者在规定的日期内填写后发 E-mail 回复给评估组织者,评估组织者收集后再进行处理。

若时间允许,调查要尽量放在会议现场进行。若无法在会议现场进行调查,或部分项目或部分参会代表无法参与现场调查,可以安排会后再进行。

2. 面谈法

会议结束时邀请部分调查对象集中或分别面谈,征求他们对会议的意见和评价。这种方法只能对会议进行定性评估。

3. 电话调查法

会议结束后,打电话给调查对象,征求他们对会议的意见,并请他们对会议作出评估。这种方法也只能对会议进行定性评估。

4. 现场观察法

在会议现场或在各个活动场所派人观察会议和各个活动的进行情况,并观察参会代表和活动参加者的反应,从而做出对会议的评估。

5. 其他方法

会议后,PCO 可以通过工作人员的会后工作记录、述职报告等,对会议进行评估。会议进行过程中,要求工作人员记录工作中某些关键环节的数据;会议结束后,对自己在会议整个过程中所做的工作做出回顾性描述,最终形成总结报告或述职报告等。这种方法可以从供给和服务的角度,记录会议的过程、现场等工作情况,对会议进行评估。

动手做

以某一次与会议相关的岗位实习、兼职工作等为例,撰写工作总结报告。

不同的评估方法各有特点,适合于不同的具体情况,在实际工作中应结合使用,以保证会议评估的结果更全面、更具科学性,进而指导未来的工作。

五、实施会议评估

问卷调查法是最常用的会议评估方法,以下将以问卷调查法为例,对会议评估的事实进行说明。

问卷调查法也称问卷法,它是调查者运用统一设计的问卷向被选取的调查对象了解情况或征询意见的调查方法。

问卷调查是以书面提出问题的方式搜集资料的一种研究方法。研究者将所要研究的问题编制成问题表格,以邮寄方式、当面作答或者追踪访问方式填答,从而了解被试对某一现象或问题的看法和意见,所以又称问题表格法。问卷法的运用,关键在于编制问卷,选择被试和结果分析。

1. 结合会议目标,提出并筛选问题

每一次会议都有特定的会议目标,会议评估的主要意义就是衡量会议目标的实现情况。进行评估前,首先应当了解主办方最关心的问题集中在哪些方面,再将每一个方面都分解、细化为几个具体的问题,对这些问题根据重要性进行排序,列出问题清单,如果问题过多,则需要进行适当的筛选。如果主办方比较关注会议主持人的表现情况以及参会代表的满意度,可以针对主持人工作,罗列出一些指标,由相关的人员进行评价。

2. 根据问题性质,锁定问卷的对象

对清单中的每一个问题,都明确指出对这个问题最有发言权的人员有哪些,从而锁定问卷调查的对象,即被试。例如对于"会议议程安排是否合理"这种类型的问题,只有全程参与会议的参会代表(而非演讲嘉宾等人员)才能够给出最全面和客观的结论;对于会议的宣传推广效果,应该更多地听一听广告赞助商的意见。

3. 针对不同的被试设计问卷调查表

问题和对象都明确后,就可以针对不同的被试分别设计不同的问卷调查表。例如分别设计出针对参会代表、参展商、赞助商、随行人员的专用表,表中的问题可有适当的交叉,例如对住宿、餐饮等基础配套服务的评价,应广泛征求会议期间所有接受了相关服务的人员的意见。针对不同被试,将重点问题列举出来,就可以进行问卷调查的设计了。

问卷表的一般结构有标题、说明、主体、编码号、致谢语和实验记录等6项,某些选项也可视具体情况而选择省略。在主体部分进行提问,每个问题后面给出几个评价性的选项,被试只要从中选项中进行选择即可,最后面再设定1~3个开放性问题、简要提出自己的意见或评论就可以了。填写调查问卷简单易行,只需花很少时间就能完成,因而广受欢迎。

知识补丁

会议调查问卷范例

尊敬的来宾:

您好!

首先,非常感谢您在百忙之中抽出时间参加我们的会议!请您认真填写调查问卷,您的宝贵建议是促使我们不断进步的动力,我们将努力为您提供更加满意的服务。凭此问卷可领取精美礼品一份,我们诚挚感谢您的配合!

姓名：________ 电话：________

邮箱：________ QQ：________

公司类型：________

主营产品：________

1. 您对当前外贸形势的看法？

□乐观 □悲观（在寻找新的思路应对危机：○是/○否） □无所谓

2. 您现在主要通过什么渠道找货源？

□有合作的厂家 □贸易商 □网站上去找 □暂无 □其他________

3. 您目前想拓展哪一方面的产品？

□消费电子 □车载周边 □网络设备 □暂无 □其他________

4. 借卖网新的赔付机制即将上线，您是如何看到这个理赔问题？

□有想法，________ □没有，________

5. 您目前使用了哪个地区的海外仓储服务？您是否介意我们发送热销产品信息给您？（○是/○否）

□英国仓 □德国仓 □美国仓 □暂无 □其他____

6. 您对借卖网的物流包装服务如何看待？

□好 □一般 □不好，需要改进________

7. 您认为借卖网发货时间是否及时，以及如何改进？

□不及时 □一般 □及时 □其他________

8. 借卖网新的预订政策即将上线，您觉得新预订政策：

□没以前的好 □一般 □很合理 □其他________

9. 您认为借卖网在以下哪些方面还需改进？

□网站 □物流 □产品价格 □产品类别 □其他 ________

10. 是否希望借卖网开展外贸操作的培训？

□是主要希望培训的知识________ □不是

您对本次会议有何意见及建议？

会议满意度调查表

尊敬的参会代表/参展商/赞助商：

感谢您在本次活动中对我们的支持和配合！为进一步改进工作中的不足，提高服务质量，我们特别设计本调查问卷，请您于百忙中抽出一点时间进行填写。您的满意，是我们工作的目标；您的建议，是我们进步的巨大动力。谢谢！（请在对应的分数下方框内打钩√）

一、联系客户信息

项目名称：________________

调查填写人：________________ 填写人职位：________________

二、评分标准说明

10~9：非常出色 8~7：良好 6~5：一般 4~3：较差 2~1：非常差

三、评分

分数		10	9	8	7	6	5	4	3	2	1
服务总体满意度											
1	总体服务										
达成效果评价											
1	达成效果评价										
2	按时布置现场										
3	现场氛围营造										
4	物料制作规范										
会议地点											
1	会议地点选择										
2	大小是否合适										
3	住宿饮食服务										
4	设施是否适用										
会议交通											
1	车辆保养良好										
2	车辆是否准时										
3	机动性是否高										
器材设备											
1	音响设备										
2	灯光设备										
3	LED 显示屏										
4	主席台搭建										

您的特别建议：

动手做

以小组为单位，为某一特定会议，分别针对参会代表、参展商、赞助商设计一份调查问卷。

4. 选择恰当的时机和问卷调查方式

对事件进行评估的最佳时机应该是在刚刚结束的时候。小型会议在每个议题会议结束后以及所有议程结束后进行即时评估，比较容易实施。而大型会议的人数多、分会场多、会议活动多，即时的会议评估实施起来有困难，而如果在会议全部结束后再进行会议评估，则无法保证评估数据的全面性。因此，大型会议的评估可以分阶段、分活动进行，在会议进行到一定阶段，大会结束或某个分会场、活动结束后立即进行评估，尽量保证评估的全面性。

调查方式的选择可以根据具体情况而定。通常在会议现场，可以使用纸质问卷，现场发放、填写、并回收，但纸质问卷在后期进行统计分析的工作量较大，因此也可以通过现场电脑填写的方式。会议结束后，可以在会议网站或通过邮件，发送并回收问卷。目前，大型会议的问卷调查基本都采用了信息化的方式，既能够节省成本，也提高了工作效率。

5. 问卷的发放、回收与统计、分析

根据选择的问卷次调查方式，发放、回收问卷，运用一定的方法对问卷进行统计、分析最终得出结论。

6. 评估结果的反馈和应用

将会议评估的结果对相关人员、组织进行反馈，并将评估结果作为下一步工作的参考。评估工作完毕之后，PCO 需要根据评估情况，写出会议总结报告，总结出会议的成败得失。

会议总结的目的是分析会议组织过程中的经验和教训，对一些工作出色的组织和个人进行表彰，总结的结果可以为今后的工作提供参考依据。会议总结主要考虑以下方面：

(1) 会议的召开是否有必要，所提出的各项议案是否解决；

(2) 会议的准备工作是否充分，设备物品是否齐全，配套设施是否周到；

(3) 会议议程是否科学合理；

(4) 会议组织工作是否完善，有无明显疏漏或失误；

(5) 会议人数是否控制严格，有无超出预期规模；

(6) 会议主持人的水平能力是否符合要求，是否达到预期效果；

(7) 会议代表对会议的满足程度如何；

(8) 会议决议是否得到有效贯彻实施。

会议总结要以科学的绩效考评标准为指导，制定具体的量化指标，起到总结经验、激励下属、提高会务工作水平的作用。

拓展提高

会务工作总结范本

1. 会议简介

会议简介包括会议名称、召开地点、主办单位、参加人员、会议议题、议程安排、召开的背景、会议预期效果等。(个人总结着重写本人负责的会务内容)

2. 本次会务工作要点

(1)会务组成人员名单;

(2)会务工作安排;

(3)本次会务主要抓的几项工作;

(4)本次会务关键要素(要针对本次会议的特点进行分析和安排);

(5)本次会务与其他会务工作的不同之处;

(6)本人负责部分工作总结。

3. 会务满意度调查情况

即"会务组织满意度"调查反馈情况,对各要素得分进行统计,评价最好与最差的问题集中点等。

4. 问题分析

参考会务满意度调查结果分析整个会议过程,归纳出本次会议存在的问题,以及从此次会议中得到的教训、相关改进意见等。

5. 经验总结

(1)本次会务工作的成功之处;

(2)可以推广或可供他人借鉴的地方。

综上所述,根据会议的具体目标,会议评估可以针对会议筹备期间的组织、营销宣传、论文征集、资金筹措、资金管理等各项工作进行评价;对会议现场注册、现场接到、现场协调、会议专业活动情况、会议附带展览活动(如果有的话)、会议社会活动情况、会议餐饮活动情况等工作进行评价;对会议结束后的收尾工作、会议评估工作、财务结算工作等进行总结。会议评估后,主办方、PCO都需要仔细分析评估结果,以便有针对性地总结经验、改进不足。

思考练习

一、简答题

1. 简述会议评估的作用。

2. 会议评估的主体有哪些?

3. 会议评估的方法有哪些?

二、实训题

以即将举办的某一会议为对象,分别以参会代表、会议赞助商、参展商作为被试,设计调查问卷。如条件允许,亲自到达会议现场进行问卷调查。

单元要点归纳

会议结束后，参会代表陆续离开会场，至此宣告会议结束。而对于会议组织和服务人员来说，工作进入到会后环节。会后工作主要包括对参会代表的送别、滞留人员的服务、会议现场的清理、设备归还及费用结算、编制会议费用结算表、会后评估工及会后总结工作等。会后工作的有效开展对内可以发现问题、改进不足、总结经验，对外可以维系各种客户关系、保持联系、延伸合作。

会议议程全部结束后，组委会需要根据场地租赁协议中的约定，在特定时间清理会场、恢复原貌。会场的善后工作包括人员的及时、安全离场以及物品、设备等清离现场。针对参会代表，要安排送别、滞留人员的服务；针对现场物品和设备，要进行拆除、清理或回收，并及时将租赁设备及时、完好归还，并结清费用、退还押金等。参会代表离场后，会议场地的活动全部结束，根据会场的租赁协议，组委会需要在约定时间，将会议现场的临时性布饰拆除，将会议使用的物品、资料、设备清理，保证会议场地恢复原貌。根据不同物品的使用情况、保密要求等，一部分需要清理，一部分则需要回收，而租赁设备则需要及时归还。会后，当会议现场的所有工作的完成后，PCO 需要按照事先的约定，与会议外包项目的各个供应商结清全部费用。财务工作人员应根据事先约定的费用支付方式，如现金、支票、转账等做好相关准备。会后费用支付，主要是会议场地租金、设备租金、场地搭建费、交通费等。在结清费用的同时，索要规范的财务单据，以备后续为会议主办方编制结算表、进行结算。结算表可以直观地反映会议最终的收支状况。

从管理的角度，会议评估是事后控制的一种管理理念和方法，对于反复性操作的业务具有积极的改进和提升作用。会议评估是指根据一定的目的和标准，遵循一定的原则，运用科学的方法，对会议活动各项要素及其社会经济效益等方面进行质和量的综合评价活动。会议评估就是在会议活动结束后，对会议做出的综合评价，以全面正确评估办会的实际效果和效益。现代会议是综合性的活动，在会议的举办过程中，参加会议的所有人员和机构，都可以从不同的方面、不同的环节，对会议的效果提出有价值的意见。会议评估是对会议从筹备到会议总结全过程的评估，因为会议的任何一个环节，都关乎会议的成功与否。会议评估的方法有问卷调查法、面谈法、电话调查法、现场观察法等，不同的评估方法各有特点，适合于不同的具体情况，在实际工作中应结合使用，以保证会议评估的结果更全面、更具科学性，进而指导未来的工作。问卷调查法是最常用的会议评估方法，是以书面提出问题的方式搜集资料的一种研究方法。研究者将所要研究的问题编制成问题表格，以邮寄方式、当面作答或者追踪访问方式填答，从而了解被试对某一现象或问题的看法和意见，所以又称问题表格法。问卷法的运用，关键在于编制问卷，选择被试和结果分析。将会议评估的结果对相关人员、组织进行反馈，并将评估结果作为下一步工作的参考。评估工作完毕之后，PCO 需要根据评估情况，写出会议总结报告，总结出会议的成败得失，为以后的工作提供经验和借鉴。

参考文献

1. 陈建国. 会议管理实务[M]. 大连:大连理工大学出版社,2012
3. 王瑞成. 会议组织与活动策划[M]. 武汉:华中科技大学出版社,2013
3. 中华人民共和国国家标准:会议分类和术语[R]. GB/T 30520—2014
4. 中华人民共和国国内贸易行业标准:会议中心运营服务规范[R]. SB/T 10851—2012